D1545669

NUEVO MANUAL PARA MINISTROS

NUEVO MANUAL PARA MINISTROS

Guillermo I. Catalán

Casa Bautista de Publicaciones

CASA BAUTISTA DE PUBLICACIONES
Apartado Postal 4255, El Paso, TX 79914, EE. UU. de A.
www.casabautista.org
Agencias de Distribución

CBP ARGENTINA: Rivadavia 3474, 1203 Buenos Aires, Tel.: (541)863-6745. **BOLIVIA:** Casilla 2516, Santa Cruz, Tel.: (591)342-7376, Fax: (591)342-8193. **COLOMBIA:** Apartado Aéreo 55294, Bogotá 2, D.C., Tel.: (571)287-8602, Fax: (571)287-8992. **COSTA RICA:** Apartado 285, San Pedro de Montes de Oca, San José, Tel.: (506)225-4565, Fax: (506)224-3677. **CHILE:** Casilla 1253, Santiago, Tel: (562)672-2114, Fax: (562)695-7145. **ECUADOR:** Casilla 3236, Guayaquil, Tel.: (593)445-5311, Fax: (593)445-2610. **EL SALVADOR:** Av. Los Andes No. J-14, Col. Miramonte, San Salvador, Tel.: (503)260-8658, Fax: (503)260-1730. **ESPAÑA:** Padre Méndez 142-B, 46900 Torrente, Valencia, Tel.: (346)156-3578, Fax: (346)156-3579. **ESTADOS UNIDOS: CBP USA:** 7000 Alabama, El Paso, TX 79904, Tel.: (915)566-9656, Fax: (915)565-9008, 1-800-755-5958; 960 Chelsea Street, El Paso, TX 79903, Tel.: (915)778-9191; 4300 Montana, El Paso, TX 79903, Tel.: (915)565-6215, Fax: (915)565-1722, (915)751-4228, 1-800-726-8432; 312 N. Azusa Ave., Azusa, CA 91702, Tel.: 1-800-321-6633, Fax: (818)334-5842; 1360 N.W. 88th Ave., Miami, FL 33172, Tel.: (305)592-6136, Fax: (305)592-0087; 647 4th. Ave., Brooklyn, N.Y., Tel.: (718)788-2484; **CBP MIAMI:** 12020 N.W. 40th Street, Suite 103 B, Coral Springs, FL 33065, Fax: (954)754-9944, Tel. 1-800-985-9971. **GUATEMALA:** Apartado 1135, Guatemala 01901, Tel.: (502)2-220-0953. **HONDURAS:** Apartado 279, Tegucigalpa, Tel.: (504)238-1481, Fax: (504)237-9909. **MÉXICO: CBP MÉXICO:** Avenida Morelos #85, México, D.F. 06000, Tels./Fax: 011525-566-8055, 011525-566-7984; Madero 62, Col. Centro, 06000 México, D.F., Tel./Fax: (525)512-9390; Independencia 36-B, Col. Centro, 06050 México, D.F., Tel.: (525)512-0206, Fax: 512-9475; Félix U. Gómez 302 Nte. Monterrey, N. L. 64000, Tel.: (528)342-2823. **NICARAGUA:** Reparto San Juan del Gimnasio Hércules, media cuadra al Lago, una cuadra abajo, 75 varas al Sur, casa 320, Tel.: (505)278-4927, Fax: (505)278-4786. **PANAMÁ:** Apartado E Balboa, Ancon, Tel.: (507)264-6469, (507) 264-4945, Fax: (507)228-4601. PARAGUAY: Casilla 1415, Asunción, Fax: (595)2-121-2952. **PERÚ:** Pizarro 388, Trujillo, Tel./Fax: (514)424-5982. **PUERTO RICO:** Calle San Alejandro 1825, Urb. San Ignacio, Río Piedras, Tel.: (809)764-6175. **REPÚBLICA DOMINICANA:** Apartado 880, Santo Domingo, Tel.: (809)565-2282, (809)549-3305, Fax: (809)565-6944. **URUGUAY:** Casilla 14052, Montevideo 11700, Tel.: (598)2-309-4846, Fax: (598)2-305-0702. **VENEZUELA:** Apartado 3653, El Trigal 2002 A, Valencia, Edo. Carabobo, Tel./Fax: (584)126-1725.

Clasificación decimal Dewey: 253.1
Temas: 1. Deberes pastorales.
2. Ministros 3. Manuales

Primera edición: 2001

ISBN: 0-311-42106-7
C.B.P. Art. No. 42106
3 M 1 01
Impreso en Bielorrusia

Printed in Belarus. Printcorp LP № 347 of 11.05.99. Or. 0175E. Qty 7 000 cps.

CONTENIDO

INTRODUCCIÓN

El pastor y profesor Guillermo I. Catalán, de Chile, ha escrito este *Nuevo manual para ministros* en base a su conocimiento pastoral y académico, y de sus experiencias ministeriales multiculturales en las Américas.

Creemos que este *Nuevo manual para ministros* satisface una necesidad bien sentida y responde a las situaciones nuevas que se viven en las iglesias evangélicas hispanas del siglo veintiuno. Dada la calidad y amplitud de su contenido anticipamos que tendrá una excelente recepción y gran uso por parte de los ministros evangélicos de todo el mundo hispano.

Guillermo I. Catalán, conocido y respetado pastor y profesor, nació en Talcahuano, Chile, el 25 de junio de 1953. Estudió en el Seminario Teológico Bautista de Chile, en la Universidad Bautista de Dallas, Texas, y en el Seminario Teológico Bautista del Sudoeste, Fort Worth, Texas. En esta última institución obtuvo su Maestría en Teología. Sirvió en Chile como pastor por muchos años y fue profesor y rector del Seminario Teológico Bautista Chileno desde 1990 hasta 1999.

Durante el proceso de edición de este libro el Señor llamó a su presencia a Guillermo, el 23 de abril del 2000 (Domingo de Resurrección). Falleció en Temuco, Chile. Esta es, pues, una obra póstuma del pastor Catalán.

Los editores

I. PACTO DE LOS MIEMBROS DE UNA IGLESIA

Bajo la firme convicción de que por la acción gloriosa del Espíritu Santo de Dios hemos reconocido y aceptado a Jesucristo como Señor y Salvador de nuestra vida,[1] y habiendo sellado esa fe en las aguas del bautismo, en el nombre del Padre y del Hijo y del Espíritu Santo,[2] en presencia de nuestro Dios y de su familia tanto en los cielos como en la tierra,[3] solemnemente hacemos pacto como hermanos en Cristo, entendiendo que somos un cuerpo en Cristo,[4] aceptando la diversidad y procurando la unidad en el permanente vínculo de la paz.[5]

Solemnemente nos comprometemos a cultivar y desarrollar permanentemente nuestra vida espiritual, tanto en el plano personal como en el plano familiar, promoviendo los valores de la fe que profesamos a nuestros hijos y a los hijos de nuestros hijos,[6] dependiendo del liderazgo del Espíritu Santo en el cumplimiento de la voluntad de Dios en relación con la salvación de nuestros familiares y amigos, y nuestro prójimo;[7] cultivando una calidad de vida acorde con la vocación a la que hemos sido llamados,[8] siendo justos en todas nuestras acciones, fieles en nuestros compromisos, irreprochables en nuestra conducta, de carácter templado, prudentes, negándonos a participar en todas aquellas actividades que están reñidas con los principios del sagrado evangelio de nuestro Señor Jesús,[9] y que son un obstáculo a la extensión del reino de Dios.

11

Asimismo, por cuanto somos hermanos en Cristo y miembros de la familia de Dios[10] siempre nos esforzaremos por el cuidado fraternal de los unos por los otros,[11] expresado en la oración de los unos por los otros,[12] en el sobrellevar las cargas los unos de los otros y en el restaurar al caído en el verdadero espíritu de Jesús, siendo siempre solícitos en procurar la reconciliación.[13]

Finalmente nos comprometemos a que cuando tengamos que salir del compañerismo de esta iglesia local, procuraremos buscar, en nuestro nuevo lugar de residencia, una iglesia en la cual podamos seguir cultivando los principios de la Palabra de Dios y del espíritu de este pacto.[14]

(Este pacto puede usarse en la constitución de una nueva iglesia, en la consagración de un nuevo templo y en los aniversarios de la iglesia.)

---

1. 1 Corintios 12:3; Juan 16:13.
2. Mateo 28:19.
3. Efesios 3:15.
4. 1 Corintios 12:12-14.
5. Efesios 4:2, 3.
6. Deuteronomio 6:1-9.
7. Juan 16:8; 1 Timoteo 2:3; 2 Pedro 3:9.
8. Efesios 4:1.
9. Efesios 4:17-21; 4:28—5:7.
10. Efesios 2:19.
11. Romanos 12:10; 13:8; Efesios 5:2; 1 Pedro 1:22; 2:17; 1 Juan 3:18; 4:21.
12. Santiago 5:14-16.
13. 2 Corintios 5:17-20; Efesios 4:26, 27.
14. Hebreos 10:23-25.

II. DECLARACIÓN DE FE

INTRODUCCIÓN

1. La declaración de fe constituye un consenso de opinión de un cuerpo de cristianos, sea este grande o pequeño, para la instrucción y guía del pueblo y de otras personas; relaciona aquellos artículos de la fe cristiana sostenidos por ellas. El propósito no es añadir nada a las condiciones sencillas de la salvación como son reveladas en el Nuevo Testamento, a saber, el arrepentimiento para con Dios y la fe en Jesucristo como Salvador y Señor.

2. No se considera que esta sea una declaración completa de nuestra fe, o que tenga calidad final o infalible. Como en el pasado así en el futuro, los cristianos están en libertad de revisar sus declaraciones de fe en cualquier momento, siempre y cuando lo consideren sabio y conveniente.

3. Cualquier cuerpo de creyentes en Cristo, sea grande o pequeño, tiene el derecho inherente de crear para sí mismo y de publicar para que todos la conozcan, una declaración de fe cuando ellos consideren que es prudente hacerlo.

4. Las Sagradas Escrituras del Antiguo y Nuevo Testamentos son la única regla de fe y práctica para el cuerpo cristiano. La declaración de fe es una guía de interpretación sin autoridad sobre la conciencia del individuo.

5. La declaración de fe es una serie de convicciones espirituales que surgen a partir de las Sagradas Escrituras, y no se deben utilizar para estorbar la libertad de pensamiento e investigación en otras áreas de la vida.

6. Es importante destacar que, como cuerpo cristiano, se enfatiza la competencia del alma ante Dios, la libertad religiosa y el sacerdocio universal del creyente. Sin descuidar u olvidar ciertas doctrinas que creemos y amamos, y con las que nos identificamos tanto en el pasado como en el futuro, esta declaración de fe tiene por finalidad el dejar asentadas ciertas enseñanzas distintivas y características de los cristianos.

LAS ESCRITURAS

Las Sagradas Escrituras son la Palabra de Dios en lenguaje humano. Es el registro de la revelación que Dios hace de sí mismo a la humanidad. Siendo Dios su verdadero autor, fue escrita por personas inspiradas y dirigidas por el Espíritu Santo. Tiene por finalidad revelar los propósitos de Dios, conducir a los pecadores a la salvación, edificar a los creyentes y promover la gloria de Dios. Su contenido es la verdad sin mezcla de error, y por eso es un perfecto tesoro de instrucción divina. Revela el destino final del mundo y los criterios por los cuales Dios juzgará a todas las personas. Las Sagradas Escrituras son la única autoridad en materia de fe: fiel patrón por el cual en cuestiones de doctrina y conducta humana los cristianos aceptarán y seguirán fielmente sus enseñanzas. Ellas siempre serán interpretadas a la luz de la persona y de las enseñanzas de Jesucristo.

Éxodo 24:4; 2 Samuel 23:2; 2 Crónicas 24:19; Salmo 19:7-9; 119:89, 105; Proverbios 30:5; Isaías 34:16; 40:8; Mateo 5:17, 18, 22, 28, 32, 34, 39; 11:29, 30; 17:5; 22:29; 24:35; Lucas 11:29, 30; 16:29; 24:44, 45; Juan 1:1, 2, 14; 5:39, 40; 10:35; 12:47, 48; 17:17; Hechos 3:21; Romanos 1:16; 2:12, 13; 3:2, 4; 15:4; 16:25, 26; Efesios 6:17; 2 Timoteo 1:13; 3:15-17; Hebreos 1:1, 2; 4:12; 1 Pedro 1:25; 2:2; 2 Pedro 1:21.

DIOS

El único Dios vivo y verdadero es espíritu personal, eterno, infinito e inmutable; es omnipotente, omnipresente y omnisciente; es perfecto en santidad, justicia, verdad y amor. Él es Creador, Sustentador, Juez y Señor de la historia y del universo, que gobierna por su poder, disponiendo de todo lo que existe, de acuerdo con su eterno propósito y gracia. Dios es infinito en santidad y en todas las otras perfecciones. Por eso, a él somos deudores y lo amamos, adoramos y obedecemos. En su triunidad, el Dios Eterno se revela como Padre, Hijo y Espíritu Santo, personas distintas, más sin división en su esencia.

Génesis 1:1; Éxodo 3:14; 6:2, 3; 15:11; Deuteronomio 6:4; Job 34:10; Salmo 139; Isaías 6:2; 43:15; 57:15; Jeremías 10:1; Malaquías 3:6; Mateo 6:9; 22:37; 28:19; Marcos 1:9-11; Juan 4:23, 24; Romanos 15:30; 1 Corintios 8:6; 2 Corintios 13:13; Filipenses 3:3; 1 Timoteo 1:17; 2:5, 6; 6:2, 3; Santiago 1:17; 1 Pedro 1:15-17; 1 Juan 5:7.

A. Dios el Padre

Dios, como Creador, manifiesta una disposición

sustentadora para con toda la humanidad. En conformidad con sus propósitos eternos, Dios se reveló como Padre al pueblo de Israel, a quien escogió soberanamente. Él es el Padre de nuestro Señor Jesucristo, a quien envió a este mundo para salvar a los pecadores y hacer de ellos hijos por adopción. Quienes han aceptado a Jesús como Salvador y Señor de su vida se constituyen en hijos de Dios, habiendo nacido de nuevo por el Espíritu y recibiendo la protección y disciplina de Dios como Padre.

Génesis 1:1; Éxodo 4:22, 23; Deuteronomio 32:6-18; Salmo 2:7; Isaías 1:2, 3; 63:16; 64:8; Jeremías 31:9; Mateo 3:17; 6:9; 7:11; 17:5; 23:9; Lucas 1:35; Juan 1:12, 13; Hechos 17:26-29; Romanos 8:14-17; 1 Corintios 8:6; Gálatas 3:26; 4:4-7; Hebreos 12:6-11.

B. Dios el Hijo

Jesucristo, uno en esencia con el Padre, es el Hijo eterno de Dios. En él, por él y para él fueron creadas todas las cosas. En la plenitud de los tiempos él se ha hecho carne en la persona real e histórica de Jesús, engendrado por el Espíritu Santo y nacido de una virgen, María, siendo en su persona verdadero Dios y verdadero hombre. Jesús es la imagen expresa de Dios Padre, la revelación suprema de Dios a la humanidad. Él honró y cumplió plenamente la ley divina, reveló y obedeció toda la voluntad de Dios. Se identificó perfectamente con los seres humanos, sufriendo el castigo y expiando la culpa de nuestros pecados, aunque él mismo no tuvo pecado.

Para salvarnos del pecado murió en la cruz, fue sepultado y al tercer día resucitó de entre los muertos y, después de aparecerles muchas veces a sus discípulos, ascendió a los cielos donde, junto al Padre, ejerce su eterno sumo sacerdocio. Jesucristo es el único mediador entre Dios y los seres humanos y el único y suficiente Salvador y Señor. Por su Espíritu, él está presente y habita en el corazón de cada creyente y en la iglesia. Él volverá visiblemente a este mundo en gran poder y gloria para juzgar a la humanidad al consumar su obra redentora.

Salmo 2:7; 110:1; Isaías 7:14; 53; Mateo 1:18-23; 5:17; 8:29; 11:27; 14:33; 16:16, 27; 17:5; 28:1-6, 20; Marcos 1:1; Lucas 1:35; 4:41; 22:70; 24:46; Juan 1:1-3, 14; 10:30-38; 11:27; 12:44-50; 14:6, 7-11, 16, 17; 15:26; 16:7, 28; 19:30-35; 20:1-20; Hechos 1:6-14; 2:22-24; 4:12; 7:55, 56; Romanos 8:1-3; 1 Corintios 6:19; 8:6; 15:4-8, 24-28; Gálatas 4:4, 5; Filipenses 2:1-11; Colosenses 1:15, 16, 17, 19; 1 Tesalonicenses 4:14-18; 1 Timoteo 2:4, 5; Tito 2:13; Hebreos 1:3; 4:14-16; 5:7-10; 10:19-23; 1 Pedro 2:21-25.

C. Dios el Espíritu Santo

El Espíritu Santo, uno en esencia con el Padre y con el Hijo, es persona divina. Es el Espíritu de Verdad. Actuó en la creación del mundo e inspiró a sus siervos y los capacitó para escribir las Sagradas Escrituras. Él iluminó a las personas y las capacitó para comprender la verdad divina. En el día de Pentecostés, en el cumplimiento final de la profecía y de las promesas en cuanto a su venida, él se manifestó de forma singular e irrepetible, cuando los primeros discípulos fueron bautizados en el Espíritu Santo, y pasaron a ser parte del cuerpo de Cristo que es la iglesia. Sus manifestaciones constantes en el libro de Los Hechos confirman la evidencia de la universalidad del don del Espíritu Santo para todos los que creen. El bautismo en el Espíritu Santo ocurre cuando los pecadores se convierten a Cristo Jesús, quien los integra regenerados a la iglesia. El Espíritu Santo da testimonio de Cristo y lo glorifica; convence al mundo de pecado, de justicia y de juicio; obra la regeneración del pecador perdido; sella al creyente para el día de la redención final; habita en el creyente; guía a toda verdad; capacita para obedecer la voluntad de Dios; distribuye dones a los hijos de Dios para la edificación del cuerpo de Cristo y para el ministerio de la iglesia en el mundo. Su plenitud y su fruto en la vida del creyente constituyen condiciones para la vida abundante y victoriosa.

Génesis 1:2; Job 23:13; Salmo 51:11; 139:7-12; Isaías 61:1-3; Joel 2:28-32; Mateo 3:11; 28:19; Marcos 1:8; Lucas 3:16; 4:18, 19; 12:12; 24:49; Juan 3:5; 4:24; 14:16, 17, 26; 15:26; 16:8-11, 13, 14; Hechos 1:5, 8; 2:1-4, 28-39, 41; 8:14-17; 10:44-47; 19:5-7; Romanos 8:9-11; 1 Corintios 2:10-14; 12:7, 11, 12-15; 16:8-11, 13, 14; Gálatas 5:22, 23; Efesios 4:11-13; 30; 5:16-25; 1 Timoteo 3:16; Hebreos 9:8, 14; 2 Pedro 1:21; 1 Juan 5:6, 7.

EL HOMBRE

Por un acto especial el ser humano fue creado por Dios a su imagen y semejanza; en esto radican el valor y la dignidad humanos. Su cuerpo fue hecho del polvo de la tierra y al mismo polvo ha de volver. Su espíritu procede de Dios y a él volverá. El Creador ordenó que él dominara, desarrollara y guardara la obra creada; fue creado para la gloria de Dios. Su propósito es amar a su Creador, conocerlo y estar en comunión con él, como también cumplir con su divina voluntad. Al ser personal y espiritual el ser humano tiene la capacidad de percibir, conocer y comprender aun en parte la verdad revelada. Además, sobre la base del conocimiento y la experiencia, puede tomar sus decisiones personales en materia religiosa sin mediación, interferencia o imposición de cualquier poder humano, sea civil o religioso.

Génesis 1:21, 26-31; 2:1, 7, 15; 3:19; 9:6; 18:22; Job 19:25, 26; Salmo 8:1-9; Eclesiastés 3:20; 5:14-17; 12:7; Jeremías 9:23, 24; 31:3; Ezequiel 18:20; Daniel 12:2, 3; Miqueas 6:8; Mateo 6:33; 16:26; 25:32, 46; Juan 1:4-13; 5:29; 14:23; 17:3; Hechos 17:26-29; 5:29; Romanos 8:38, 39; 1 Corintios 15; Efesios 1:6, 12, 14; 1 Tesalonicenses 4:16, 17; 1 Timoteo 2:5; 1 Juan 1:3, 6, 7; Apocalipsis 20:11-30.

EL PECADO

En el principio el ser humano vivía en estado de inocencia y mantenía una perfecta comunión con Dios. Mas, cediendo a la tentación de Satanás, en un acto libre y en desobediencia a su Creador cayó en pecado y perdió la comunión con Dios quedando separado de él. Como consecuencia de la caída de nuestros primeros padres, todos somos por naturaleza pecadores e inclinados a la práctica del mal. Todo pecado es cometido contra Dios, su persona, su voluntad y su ley. Mas el mal, practicado por el hombre, alcanza también al prójimo. El pecado mayor consiste en no creer en la persona de Cristo, el Hijo de Dios, como Salvador personal. Como resultado del pecado, de la incredulidad y de la desobediencia en contra de Dios, el ser humano está sujeto a la muerte y a la condena-

ción eterna. Separado de Dios, el hombre es absoluta-
mente incapaz de salvarse a sí mismo. Por tanto, depende de la gracia de Dios para ser salvo.

Génesis 2:15-17; 3:8-10, 18; 5:12-19; Salmo 51:4,
15; Eclesiastés 7:29; Isaías 53:6; Jeremías 17:5; Mateo 6:14, 15; 18:21-35; Juan 3:36; 16:9; Romanos 1:18-
27; 3:10-19, 20, 23; 5:12; 6:23; 7:14-25; 8:7, 22; 1 Corintios 8:12; Gálatas 3:10, 11, 22; Efesios 2:1-3, 5, 8,
9, 12; Santiago 5:16; 1 Juan 5:10-12.

LA SALVACIÓN

La salvación es otorgada por Dios en forma gratui-
ta a todo aquel que, por fe, acepte a Jesucristo como
su único y suficiente Salvador, quien pagó el precio
del rescate con el derramamiento de su sangre una
vez y para siempre. Esta salvación es individual y
envuelve la redención total del ser humano. En su
sentido más amplio, la salvación incluye la regeneración, la santificación y la glorificación.

Salmo 37:39; Isaías 53:4-6; 55:5; Sofonías 3:17;
Mateo 16:24; Juan 3:14, 16; Hechos 4:12; 11:18; 15:11;
Romanos 5:10; 6:23; 10:13; 1 Corintios 1:30; 6:20;
Efesios 1:7; 2:8, 9; 1 Tesalonicenses 5:23, 24; Tito 2:9-
11; Hebreos 2:1-4; 1 Pedro 1:18-25; Apocalipsis 5:7-
10.

A. La regeneración

La regeneración o el nuevo nacimiento es el acto
de la gracia divina a través del cual el creyente llega
a ser nueva criatura en Cristo Jesús. Esta transfor-
mación de vida, producida por el Espíritu Santo, es
precedida por una convicción de pecado en donde el

pecador responde en arrepentimiento para con Dios y en fe para con el Señor Jesucristo. La fe y el arrepentimiento son condiciones inseparables para que la regeneración sea una realidad. El arrepentimiento implica un cambio radical del hombre interior en su relación con el pecado, al volverse hacia Dios. La fe es la respuesta afirmativa de aceptación y confianza que el creyente hace de Jesucristo como Salvador y Señor. En la regeneración, el pecador es declarado justo por Dios sobre la base de los méritos de Cristo en la cruz del Calvario, y no por sus propios méritos, que lo capacita para una vida de rectitud delante de Dios y delante de los hombres.

Deuteronomio 30:6; Ezequiel 36:26; Juan 1:11-13; 3:3-5; Hechos 11:17; Romanos 6:22; 8:1, 2; 1 Corintios 5:17; 2 Corintios 1:21, 22; Efesios 4:20-24, 30, 32; Tito 3:5; Santiago 1:18; 1 Pedro 1:3.

B. La santificación

La santificación es el proceso que, comenzando en la regeneración, lleva a la persona a la realización de los propósitos de Dios para su vida y la habilita para progresar en búsqueda de la perfección moral y espiritual de Jesucristo, mediante la presencia y el poder del Espíritu Santo que la habilita para tal objetivo. La santificación ocurre en la medida de la dedicación del creyente y se manifiesta a través del carácter marcado por la presencia y por el fruto del Espíritu.

Proverbios 4:18; Juan 17:17; Romanos 6:19; 12:1, 2; 2 Corintios 3:18; 7:1; Gálatas 5:2; Filipenses 1:9-11; 2:12; 1 Tesalonicenses 4:3, 7; 5:23; Hebreos 12:14.

C. La glorificación

La glorificación es el punto culminante de la obra de salvación. Es el estado final y permanente de perfección y felicidad de los redimidos por la sangre de Cristo.

Romanos 3:23-25; 8:30; 1 Corintios 13:12; Filipenses 3:12; 1 Tesalonicenses 2:12; Hebreos 6:11; 1 Pedro 1:10, 11; 1 Juan 3:2; Apocalipsis 21:3, 4.

LA ELECCIÓN

La elección es un acto soberano de Dios de escoger en Cristo, desde de la eternidad, a los seres humanos para vida eterna; no por méritos de los mismos, mas sí según la riqueza de la gracia de Dios. Antes de la fundación del mundo, Dios, en el ejercicio de su soberanía divina y a la luz de su conocimiento anticipado de todas las cosas, eligió, llamó, predestinó, justificó y glorificó a quienes, a lo largo de los tiempos y de la historia universal, aceptarían libremente el don de la salvación. Aunque basada en la soberanía de Dios, esa elección está en perfecto acuerdo con el libre albedrío de cada uno y de todos los seres humanos. La salvación de los creyentes es eterna. Los salvos perseveran en Cristo y están guardados por el poder de Dios mediante la fe. Ninguna fuerza o circunstancia tiene el poder para separar al creyente del amor de Dios en Cristo Jesús. El nuevo nacimiento, el perdón, la justificación, la adopción como hijos de Dios, la elección y el don del Espíritu Santo aseguran a los salvos que permanecerán en la gracia de la salvación.

Génesis 12:1-3; Éxodo 19:5, 6; Deuteronomio 30:15-20; Jeremías 32:40; Ezequiel 36:22, 23, 32; Mateo 24:13; Juan 3:16, 36; 10:28, 29; 15:16; Romanos 8:28-30, 35-39; 9:22-24; Efesios 1:3-14; 4:30; 2 Tesalonicenses 1:4; 2:13, 14; 1 Pedro 1:2; 5:10; 1 Juan 2:19, 27-29; Judas 24.

EL REINO DE DIOS

El reino de Dios es el dominio soberano y universal de la voluntad de Dios, y es eterno. Es también el dominio de Dios en el corazón de los seres humanos que, voluntariamente, se someten a Dios por la fe, aceptándolo como Señor y Rey. Es así que el reino invisible en los corazones regenerados obra en el mundo, y se manifiesta por el testimonio de los fieles. La consumación del reino ocurrirá con la venida del Señor Jesucristo, en la fecha que solo Dios conoce, cuando el mal será completamente vencido y surgirá un nuevo cielo y una nueva tierra, para la eterna habitación de los redimidos de Dios.

Isaías 9:6, 7; Daniel 2:37-44; Mateo 4:17; 6:33; 25:31-46; Lucas 4:43; 17:20; Juan 3:3-5; 18:36; 1 Corintios 15:24; 1 Pedro 2:9, 10; Apocalipsis 11:15.

LA IGLESIA

La iglesia es una congregación local de personas regeneradas y bautizadas después de haber hecho una profesión pública de su fe en Jesucristo como Señor y Salvador personal. Es en este sentido que la palabra *iglesia* es empleada un mayor número de veces en los libros del Nuevo Testamento. Tales congregaciones son constituídas por libre voluntad de estas personas con la finalidad de rendirle culto a Dios, observar el bautismo y la cena del Señor, meditar en las enseñanzas de la Biblia para la edificación mutua y la propagación del evangelio. Las iglesias neotestamentarias son autónomas, ejercen un gobierno congregacional bajo el señorío de Jesucristo, practican la disciplina y se rigen en todas las cuestiones espirituales y doctrinales exclusivamente por la Palabra de Dios, bajo la dirección del Espíritu Santo. Según el Nuevo Testamento se presentan por lo menos dos tipos de oficiales para la iglesia local: pastores y diáconos. Las iglesias deben relacionarse con las demás iglesias de la misma fe y orden, y cooperar voluntariamente en las actividades del reino de Dios. La relación con otras entidades, sean de naturaleza eclesiástica u otra, no debe involucrar la violación de la conciencia ni el compromiso de lealtad a Cristo y/o su Palabra. También hay otro sentido de la *iglesia*. En ella aparece la reunión universal de los redimidos de todos los tiempos, establecida por Jesucristo y edificada sobre él, que se constituye en el cuerpo espiritual del Señor, del cual él mismo es la cabeza. Su unidad es de naturaleza espiritual y se expresa por el amor fraternal, por la armonía y cooperación voluntaria en la realización de los propósitos comunes del reino de Dios.

Mateo 16:18; 18:15-17; Juan 10:16; Hechos 2:4; 5:11; 6:3-6; 13:1-3; 14:23; 20:17, 28; 1 Corintios 1:2, 10; 3:16, 17; 4:17; Efesios 1:22, 23; 3:8-11; 4:1-16; 5:22-32; Filipenses 1:1; 1 Timoteo 1:5-9; 3:1-13; Hebreos 12:22-24; 1 Pedro 5:1-4; 3 Juan 9; Apocalipsis 21:2, 3.

A. Sus ordenanzas

1. *El bautismo*

Es por inmersión del creyente en el agua, después de su profesión pública de fe en Jesucristo como único y suficiente Salvador, invocando el nombre del Padre, del Hijo y del Espíritu Santo. Simboliza la muerte del viejo hombre en la sepultura y la resurrección para una nueva vida. Es una identificación con la muerte y la resurrección de Jesucristo y, a su vez, es un anuncio anticipado de la resurrección de los redimidos en la segunda venida del Señor. El bautismo administrado por una iglesia local es la condición para ser miembros de ella.

2. *La cena del Señor*

Es celebrada por la iglesia reunida que conmemora y proclama la muerte del Señor Jesucristo, su cuerpo entregado (simbolizado en el pan) y su sangre derramada (simbolizada en el vino). Son partícipes en ella todos los creyentes que han sido bautizados, que son de una misma fe y orden y que han hecho un examen cuidadoso de conciencia. La cena del Señor se debe celebrar periódicamente hasta el regreso de nuestro Señor Jesucristo.

Mateo 3:5, 6; 13:17; 26:26-30; 28:19; Juan 3:22, 23; 4:1, 2; Hechos 2:38, 41, 42; 8:12, 36-39; 10:47, 48; 16:33; 18:8; 20:4-8; Romanos 6:3-5; 1 Corintios 10:16-21; 11:20, 23-30; Gálatas 3:27; Colosenses 2:12; 1 Pedro 3:21.

B. Sus oficiales

1. Ministerio pastoral

Dios escoge, llama y separa a ciertas personas de manera especial para el servicio definido y singular del ministerio pastoral de la iglesia. El pastor es el portavoz de la Palabra de Dios entre los hombres. Su misión es semejante a la realizada por los profetas del Antiguo Testamento y por los apóstoles del Nuevo Testamento, que tiene en Jesucristo el modelo perfecto y el ejemplo supremo. Su mensaje será siempre cristocéntrico. Como portavoz y atalaya de la obra de Cristo él tiene un doble propósito: proclamar el evangelio a los perdidos y edificar a los redimidos. La iglesia local tiene la responsabilidad de separar para el ejercicio formal del ministerio a quien ha sido llamado por el Señor, y posee cualidades reconocidas en las Escrituras para el ejercicio del ministerio. Es un acto formal y público que reconoce la vocación divina ya existente y verificada en la experiencia práctica del pastor. Ese acto solemne de consagración y ordenación es consumado cuando los miembros de un concilio de pastores convocados por la iglesia local impone las manos sobre el llamado. A la iglesia le corresponde la responsabilidad de cuidar y sostener adecuada y dignamente a su pastor.

2. Ministerio diaconal

El ministerio diaconal es una extensión del ministerio pastoral expresado en términos de administración y servicio a la comunidad cristiana. Su nombramiento y ordenación obedecen a la necesidad de la iglesia local y es responsabilidad de esta el consa-

grarlo formal y públicamente. El diácono debe poseer
las cualidades reconocidas en las Escrituras para el
ejercicio formal de su ministerio.

Isaías 6:5-9; Jeremías 1:5-10; Mateo 28:19, 20;
Marcos 3:13, 14; Lucas 1:2; Juan 13:12-15; 21:15-17;
Hechos 1:8; 6:1-7; 13:1-3; 20:24-28; 26:16-20; Romanos 1:1, 6, 7; 8:28-30; 1 Corintios 1:21; 2:17; 12:28;
2 Corintios 8:1-7; Gálatas 1:15-17; 6:6; Efesios 4:1, 4,
11-17; Filipenses 4:14-18; Colosenses 1:21-26; 1 Timoteo 1:9; 3:1-7, 8-13; 4:14; Hebreos 9:15; Apocalipsis
17:14.

C. Sus ministerios

1. La adoración

La adoración es la muestra más alta de fe y devoción que un cristiano expresa hacia Dios; como tal,
la adoración es el propósito primordial del cristiano
y de la iglesia. Siendo ésta una experiencia de encuentro con el Dios viviente, de meditación santa y de
entrega de la vida, no está confinada a asuntos de ri-
tos o formas. La adoración involucra la totalidad del
individuo y se desarrolla en la realidad de la revelación divina, la alabanza, la experiencia de confesión,
entrega, sinceridad, amor y la belleza de la santidad.
Existe un beneficio de enriquecimiento recíproco entre la adoración privada y la pública. El ejercicio de
la adoración en la comunión con los cristianos se realiza cada primer día de la semana, y conmemora la
resurrección de Cristo de entre los muertos. Por tal
razón el cristiano observa este día, absteniéndose de
toda actividad que le impida o desvíe del ejercicio de
la adoración y devoción espirituales. Este día de re-

poso cristiano no imposibilita del quehacer misericordioso y benevolente cuando es requerido.

Génesis 12:1-4; Éxodo 20:2-6; 34:14; Isaías 6:1-8;
Mateo 22:37; Juan 4:24; Hechos 2:42, 46; 4:24-30;
5:42; Hebreos 10:22-25; 13:16; 1 Pedro 2:5.

2. La evangelización y las misiones

Junto con la adoración, la misión principal del
pueblo de Dios es la evangelización del mundo, cuya
finalidad es reconciliar al hombre con Dios. Es deber
de todo discípulo de Cristo y de todas las iglesias el
proclamar con ejemplo y con palabras las verdades
del evangelio, siempre procurando hacer nuevos discípulos en todas las naciones del mundo. Le corresponde a la iglesia bautizarlos y enseñarles a observar
todas las cosas que Jesús ordenó. El evangelio debe
extenderse hasta lo último de la tierra. Por ello las
iglesias deben promover la obra de misiones, y rogar
al Señor de la mies que envíe obreros a su mies.

Mateo 28:18-20; Lucas 24:46-49; Juan 17:18-20;
Hechos 1:8; 13:2, 3; Romanos 1:16; 10:13-15; 2 Corintios 5:18-20; 1 Tesalonicenses 1:8; 1 Pedro 2:9, 10.

3. La educación cristiana

El ministerio docente en la iglesia, bajo el liderazgo del Espíritu Santo, comprende la relación entre
Jesús, el Maestro y sus discípulos, los creyentes. La
Palabra de Dios es el contenido esencial y fundamen-
tal en este proceso y en el programa de aprendizaje
cristiano. El programa de educación cristiana en las
iglesias es necesario para la instrucción y el adies-

tramiento de sus miembros con el propósito de que crezcan en la gracia y el conocimiento de nuestro Señor y Salvador Jesucristo. A la iglesia le corresponde cuidar el adoctrinamiento adecuado de los creyentes con el propósito de formarlos y desarrollarlos espiritual, moral y eclesiásticamente; motivarlos y capacitarlos para el servicio cristiano y el cumplimiento de la misión de la iglesia en el mundo.

Salmo 119; Mateo 11:29, 30; 23:10; 28:19, 20; Juan 13:14-17; 14:26; Hechos 2:42; 1 Corintios 3:1, 2; Efesios 4:11-16; 6:10-20; Filipenses 4:8, 9; Colosenses 1:28; 2 Timoteo 2:2, 15; 3:16, 17; 4:2-5; 1 Pedro 2:2, 3; 3:15; 2 Pedro 3:18.

4. La mayordomía

Es la doctrina bíblica que reconoce a Dios como Creador, Señor y Dueño de todo cuanto existe. Todas las bendiciones materiales y espirituales proceden de Dios y por eso los hombres le son deudores por lo que son, por lo que poseen, y también por causa del sustento. El cristiano pertenece a Dios porque él lo creó y lo redimió en Cristo. Al pertenecer a Dios, el cristiano es responsable de una mayordomía integral, administrando sus aptitudes, su tiempo, sus bienes, su influencia, los recursos naturales, sus oportunidades, su personalidad y todo aquello que Dios le ha confiado en su infinita sabiduría, amor y providencia. Es deber del cristiano vivir y comunicar al mundo el evangelio que recibió de parte de Dios. Las Sagradas Escrituras enseñan que el plan financiero de Dios para el sostenimiento de su causa consiste en la entrega de los diezmos y las ofrendas de parte de los cristianos. Ellos deben dar su contribución en forma sistemática y proporcional, con alegría y liberalidad, para el sustento pastoral y el desarrollo de los ministerios de la iglesia.

Génesis 1:1, 27; 14:17-20; Levítico 27:30; Deuteronomio 8:18; 1 Crónicas 29:14-16; Salmo 24:1; Proverbios 3:9, 10; Eclesiastés 11:9; Malaquías 3:8-12; Mateo 23:26; 25:14-46; Hechos 11:27-30; 17:28; Romanos 1:14; 1 Corintios 6:19, 20; 9:16; 16:1-3; 2 Corintios 8:1-15; 10:26; Filipenses 2:16; 4:10-18; Santiago 1:17, 21; 1 Pedro 1:18-21.

5. *La cooperación*

Los miembros de las congregaciones cristianas deben cooperar unos con otros, a niveles de iglesia local, regional, nacional y mundial, con el fin de fomentar el ministerio misionero, el educativo y el de beneficencia; también para favorecer la misión de extender el reino de los cielos. La unidad cristiana, según la enseñanza del Nuevo Testamento, consiste en la armonía espiritual y la cooperación voluntaria, con fines comunes, de los distintos grupos cristianos que conforman el pueblo de Dios. Este sentido de cooperación es deseable siempre que lo que se proponga no sea otra cosa que el progreso del evangelio, la extensión del reino de los cielos y, que en ningún caso, ponga en riesgo la sana doctrina o motive a prácticas o conductas que estén reñidas con las instrucciones de las Sagradas Escrituras. Si la ocasión así lo requiere, se puede colaborar con organizaciones paraeclesiásticas para lograr objetivos que de otra manera serían imposibles de alcanzar. Se debe entender que tales organizaciones son de carácter voluntario y pretenden combinar y unificar los esfuerzos de los cristianos para ser más efectivos en la misión hacia el mundo. No reemplazan ni tienen autoridad sobre la iglesia local.

Éxodo 17:12; 18:17 ss.; Jueces 7:21; Esdras 1:3, 4; 2:68, 69; 5:14, 15; Nehemías 4; 8:1-5; Mateo 10:5-15; 20:1-16; 22:1-10; 28:19, 20; Marcos 2:3; Hechos 1:13, 14; 2:1 ss.; 4: 31-37; 13:2, 3; 15:1-35; 1 Corintios 1:10-17; 3:5-15; 12; 2 Corintios 8; 9; Gálatas 1:6-10; Efesios 4:1-16; Filipenses 1:15-18.

6. El servicio

Junto con la evangelización, la acción social es una expresión auténtica del amor cristiano no fingido hacia el prójimo. Es un compromiso con la vida, la cultura, los problemas y los sufrimientos del ser humano. Se deben utilizar todos los medios y métodos posibles para lograr tener una mejor sociedad, y para establecer la justicia entre los hombres. Esta acción tiene sus raíces en la regeneración que la gracia de Dios produce en el individuo.

Deuteronomio 23:15-25; Amós 8:4-8; Miqueas 6:6-13; Mateo 8; 9; 14:13-21; 15:32-39; Lucas 4:16-21; Hechos 4:32-36; 6:1-7; 9:36-43; Romanos 12; 13; Efesios 5:21—6:9; Colosenses 3:18—4:6; 1 Timoteo 5:1—6:2; Tito 2:1-15; Filemón; Hebreos 13:1-19; Santiago 2; 5:1-5; 1 Pedro 2:11-25; 1 Juan 3:13-18.

EL CRISTIANO Y LA SOCIEDAD

A. El individuo

1. La libertad de conciencia

Dios y solo él es Señor de la conciencia. Como criatura, el ser humano fue creado para vivir en libertad, ejerciendo su derecho a escoger en forma independiente de la voluntad de Dios. Como tal, la libertad de conciencia es un derecho natural y universal, y el Estado debe reconocer y proteger, en cada individuo, el derecho de adoptar o no una conciencia activa de naturaleza política, filosófica y religiosa.

2. La libertad religiosa

Al igual que la libertad de conciencia, la libertad religiosa es el derecho y la seguridad que cada individuo tiene de ser libre para adoptar una creencia religiosa y practicarla siendo, además, libre para asociarse y propagar su fe sin ningún tipo de limitación.

Génesis 1:27; 2:7, 16, 17; 6:5; Josué 24:14-17; Salmo 1; 9:7, 8; Proverbios 16:25; Daniel 3:16-18; 6; Mateo 6:10; 10:28; 23:10; Lucas 20:25; Juan 8:32; Hechos 4:19, 20; 19:35-41; Romanos 13:5; 14:4, 5, 9-13; Gálatas 2:4, 5; Hebreos 13:21; Santiago 4:12; 1 Pedro 2:15, 16; 3:11-17; 2 Pedro 1:21.

B. La relación iglesia-Estado

Por ser diferentes en naturaleza, en objetivos y funciones, la iglesia y el Estado deben estar siempre separados. Es deber del Estado garantizar el pleno gozo y ejercicio de la libertad religiosa sin favorecer o ayudar a credos o grupos en particular. Reconociendo que el Estado está ordenado por Dios para el bienestar de los ciudadanos y el orden justo de la sociedad, es deber de los cristianos orar por las autoridades, respetar y obedecer las leyes y honrar a los poderes constituidos, excepto a aquellos que se opongan a la voluntad y la ley de Dios.

Daniel 3:16-18; 6:7-10; Mateo 17:27; 22:21; Hechos 4:18-20; 5:29; Romanos 13:1-7; 1 Timoteo 2:1-3; Tito 3:1; 1 Pedro 2:13-17.

C. Participación ciudadana

Como sal de la tierra y luz del mundo, el cristiano tiene el deber de participar en todo esfuerzo que tenga en cuenta el bien común de la sociedad en que vive. Entretanto, el mayor beneficio que puede prestarse es anunciar el mensaje del evangelio; el bienestar social y el establecimiento de la justicia entre los hombres dependen básicamente de la regeneración de cada persona, y de la práctica de los principios del evangelio en la vida individual y corporativa. También se debe entender la importancia de la ayuda a los huérfanos, a las viudas, a los ancianos, a los enfermos y a otros necesitados, así como a quienes fueren víctimas de cualquier injusticia u opresión. Todo esto será hecho en el espíritu de amor, jamás apelando a algún medio de violencia o que sea discordante con las normas de vida expuestas en el Nuevo Testamento.

Éxodo 6:21, 22; Salmo 82:3, 4; Eclesiastés 11:1, 2; Isaías 1:16-20; Miqueas 6:8; Zacarías 7:10; Mateo 5:9,

13-16; 6:33; 25:31-46; 28:19; Marcos 6:37; Lucas 3:10-14; 10:29-37; 19:8, 9; Juan 6:26-29; 12:35, 36; Hechos 4:32-35; 16:31-35; Filipenses 2:15; 2 Timoteo 2:24; Santiago 1:27.

D. La familia

La familia, creada por Dios para el bien del ser humano, es la primera institución de la sociedad. Su base es el pacto matrimonial monogámico y duradero, para toda la vida, disuelto solo por la muerte o por la infidelidad conyugal. El propósito inmediato de la familia es glorificar a Dios.

Génesis 1:27, 28; 2:18-25; Josué 24:15; 1 Reyes 2:1-3; Salmo 127:1-5; Eclesiastés 4:9-13; Malaquías 2:15; Marcos 10:7-9, 13-16; Hechos 16:31-34; Efesios 5:22—6:4; Colosenses 3:18-25; 1 Timoteo 3:4-8; Hebreos 13:4; 1 Pedro 3:1-7.

LAS ÚLTIMAS COSAS

A. La segunda venida de Cristo

La esperanza del cristiano está cifrada en el retorno de Jesucristo, quien viene por su pueblo. Lo hará en gloria y majestad, como ladrón en la noche, sin saberse ni el día ni la hora. Vendrá como Juez justo para dar la recompensa debida a todo ser humano. Será el momento en que se revelará el carácter eterno de los hombres.

Isaías 33:14, 16; Daniel 12:2; Mateo 16:27; 18:8; 24:30, 36, 39, 42, 44; 25:13, 32-34, 41, 46; Marcos 14:62; Juan 14:2, 3; Hechos 1:11; 1 Corintios 3:14;

2 Corintios 5:10; 1 Tesalonicenses 4:16; 2 Tesalonicenses 1:6-10; Judas 14, 15; Apocalipsis 1:7; 20:12, 13; 22:12.

B. La muerte

Todos los hombres son por naturaleza finitos, como consecuencia del pecado; la muerte se extiende a todos. La Palabra de Dios asegura la continuidad de la conciencia e identidad personales después de la muerte. Con la muerte está definido el destino eterno de cada ser humano. Por la fe, en los méritos del sacrifico vicario de Cristo en la cruz, la muerte del creyente deja de ser tragedia, pues ella lo transporta a un estado de completa y constante felicidad en la presencia de Dios. Los incrédulos e impenitentes entran, a partir de la muerte, en un estado de separación definitiva de Dios. En la Palabra de Dios encontramos claramente expresa la prohibición divina de la búsqueda de contactos con los muertos, como también la negación de la eficacia de hechos religiosos con relación a los que ya murieron.

Éxodo 22:18; Levítico 19:31, 20:6, 27; Deuteronomio 18:10; 1 Crónicas 10:13; Isaías 8:19; 38:18; Lucas 16:19-31; 23:39, 40; Juan 3:18, 36; 5:28, 29; Romanos 5:6-11, 12 ; 6:23; 14:7-9; 1 Corintios 15:18-20, 21-26; 2 Corintios 5:14, 15; Filipenses 1:21-23; 1 Tesalonicenses 4:13-17; 5:10; 2 Timoteo 2:11; Hebreos 3:13; 9:27; Santiago 4:14; 1 Pedro 3:18; Apocalipsis 14:13.

C. La resurrección

Dios, en el ejercicio de su soberanía, está conduciendo la historia y el mundo a su final. En cumplimiento a su promesa, Jesucristo regresará a este mundo en forma personal y visible, en poder y gloria. Los muertos en Cristo serán resucitados y los creyentes aún vivos juntamente con ellos serán transformados, arrebatados y se unirán al Señor. Los muertos sin Cristo también serán resucitados. Toda persona comparecerá ante Dios para ser juzgada. Los impíos serán condenados y destinados al infierno; allá sufrirán el castigo eterno, separados de Dios. Los justos, con cuerpo glorificado, recibirán su recompensa y habitarán para siempre en el cielo con el Señor.

Daniel 12:2, 3; Mateo 13:39, 40, 49, 50; 16:27; 18:8, 9; 24:27-31; 25:31-40, 41-46; 26:64; 28:20; Marcos 8:38; 9:43-48; Lucas 14:14; 16:22, 23, 26-31; 17:24; 21:27; Juan 5:28, 29; 6:39, 40, 44; 11:25, 26; 14:1-3; Hechos 1:11; 3:21; 10:42; 24:15, 25; Romanos 6:22, 23; 8:23; 1 Corintios 4:5; 6:9, 10; 15:12-58; 2 Corintios 5:10; Efesios 1:10; Filipenses 3:20, 21; Colosenses 3:4; 1 Tesalonicenses 4:14-17; 2 Tesalonicenses 1:9; 1 Timoteo 6:14, 15; 2 Timoteo 4:1, 8; Tito 2:13; Hebreos 9:27, 28; 2 Pedro 2:9; 3:7, 10; 1 Juan 4:17; Apocalipsis 1:7; 2:1-15; 20:1-15; 22:11, 12.

III. LA IGLESIA

A. CONSTITUCIÓN DE UNA IGLESIA

La misión de la iglesia siempre tiene como objetivo la extensión del reino de Dios. Tradicionalmente las iglesias, en su interés por lograr su objetivo, procuran establecer nuevas obras en lugares estratégicos. Comienzan con cultos en los hogares, los que más tarde se transforman en puntos de predicación y llegan a constituirse en misiones (en un templo o salón, iglesias hogareñas, etc.). Y cuando los hermanos ven que el trabajo sigue creciendo y que el Señor prospera la labor de testificar y predicar el evangelio, entonces, en el seno de la misma congregación, sienten el deseo de constituir una iglesia en ese lugar.

¿Qué se debe considerar para constituir una iglesia? Primero, es de vital importancia tener la convicción de que es la voluntad de Dios el establecer una iglesia en ese lugar. Para ello se requiere desarrollar un plan de oración permanente a fin de discernir con claridad la voluntad de Dios. Segundo, es importante contar con obreros comprometidos, dispuestos a pagar el precio de iniciar una nueva obra, de invertir sus capacidades, tiempo y recursos en este nuevo proyecto. Se requiere de mucha paciencia y fortaleza espiritual. Tercero, se requiere de sensibilidad al liderazgo del Espíritu Santo y responder en obediencia a esa iniciativa. La obra es de Dios y los obreros solo son instrumentos en sus manos. Cuarto, debe ser un grupo de creyentes capaz de actuar en forma independiente de la iglesia que los apoya. Asimismo, y quinto, esta iniciativa debe tener la aprobación de la iglesia que apoya el proyecto. Siempre es aconsejable que un nuevo proyecto misionero como este tenga una iglesia local que lo respalde, que les ayude en su proceso de formación, que supervise, que respalde financieramente en el comienzo, y que esté dispuesta a aprobar la constitución de la nueva congregación.

¿Qué tamaño es suficiente, o cuánta organización es necesaria para que un proyecto misionero de esta naturaleza se constituya en iglesia? El que se considere necesario. Hay ocasiones en que los proyectos misioneros se constituyen en iglesia con un mínimo de membresía, en otros casos, se espera que se alcance un determinado número de miembros antes de constituirlo en iglesia. La enseñanza neotestamentaria al respecto siempre se refiere al grupo de creyentes como iglesia. Un grupo de creyentes reunidos en un lugar determinado es llamado iglesia. ¿Cuántos miembros? No se nos dice. Se dice, por ejemplo: "Saludad también a la iglesia de su casa" (Rom. 16:5).

Por otro lado, se considera que una misión, para constituirse en iglesia, no necesita tener todas las organizaciones que una iglesia tiene. Se recomienda que cada misión adopte una estructura organizativa que considere viable para el logro de sus objetivos.

Si hay acuerdo para la constitución de una nueva iglesia, entonces la iglesia que respalda el proyecto misionero solicita la formación de un concilio de pastores, en la zona, con este objeto. La carta debe mencionar la solicitud de formación de un concilio para organizar la misión en iglesia. También debe sugerir una alternativa de fecha para el proceso de examen.

Aprobada la solicitud por los pastores, se procederá en la fecha convenida al examen de la congregación que aspira constituirse en iglesia. Los pastores formarán el concilio y se organizarán; uno de ellos actuará como presidente del concilio examinador y otro lo hará como secretario.

Por lo general el examen cubre tres áreas esenciales, a saber: (1) Sobre los inicios del trabajo y una breve historia de su desarrollo; (2) aspectos teológicos y bíblicos (referido a las doctrinas esenciales), y (3) sobre los aspectos prácticos y administrativos. Seleccionadas las preguntas que se harán, se procede al examen. Las preguntas pueden ir dirigidas a los miembros de la congregación o a su liderazgo.

Concluido el período de examen, el concilio de pastores se retirará a un lugar apropiado con el propósito de llevar a cabo las deliberaciones correspondientes. Si hay acuerdo, entonces se levanta un acta oficial en que queda constancia del acuerdo del concilio. El acta llevará la firma del presidente, del secretario y de los pastores presentes en la ocasión. Si el acuerdo es favorable, en el sentido de seguir adelante con el proceso de constitución, entonces se fijará el día y la hora del culto solemne de constitución. Asimismo, al aprobarse la constitución de la misión en iglesia, se debe aprobar el nombre que tendrá la nueva iglesia y su directorio.

ORDEN DEL PROGRAMA

1. Bienvenida y reconocimiento de las visitas
   a. Autoridades civiles.
   b. Representantes denominacionales.
   c. Pastores y misioneros presentes.

    d. Líderes de congregaciones hermanas (de la misma fe y orden y de otras denominaciones).

    e. Iglesias hermanas presentes (de la misma fe y orden, y de otras denominaciones).

2. Explicación del propósito de la reunión.
3. Llamamiento a la adoración.
4. Himno de alabanza y adoración.
5. Oración de invocación.
6. Breve reseña histórica de la nueva iglesia.
7. Música especial.
8. Breve sermón para la ocasión.
9. Lectura del Acta de Acuerdo (por el secretario del Concilio).
10. Recepción oficial del Libro de Actas de la Iglesia que lleva: (1) el acta *in extenso* del acuerdo del concilio; (2) el directorio oficial de la nueva iglesia; y (3) la nómina de los miembros fundadores de la misma.
11. Música especial.
12. Lectura de la lista de miembros de la iglesia.
13. Oración de dedicación.
14. Lectura solemne del Pacto de la iglesia.
15. Himno de consagración.
16. Bendición.
17. Recepción.

Es importante destacar que si no hubo acuerdo para la constitución de la misión en iglesia, de todas formas se debe levantar un acta para dejar constancia de las razones que generaron la decisión. En esa misma ocasión el concilio debe proponer una nueva fecha de examen. Asimismo, si la decisión de aprobar la constitución va acompañada de recomendaciones, estas también deben quedar registradas en el acta.

B. EL CONCILIO DE LA IGLESIA

El concilio de la iglesia es una instancia administrativa cuya finalidad es planificar, coordinar y evaluar las actividades de toda la iglesia. Por ello lo conforman los siguientes cargos: el(los) pastor(es), los diáconos, la secretaria, el tesorero, el presidente del comité (o ministerio) de finanzas, los presidentes de los comités (o ministerios), los presidentes de las comisiones, los presidentes de las organizaciones de la iglesia: varones, unión femenil, unión de jóvenes, los directores de la escuela bíblica dominical y de la hora de capacitación.

Cabe destacar que la eclesiología contemporánea propone organizar la iglesia a partir de los dones espirituales, y de esta manera constituir los ministerios de la iglesia. Por lo general se habla de los siguientes ministerios:

Ministerio pastoral, cuya responsabilidad es la atención de la membresía de la iglesia considerando la nutrición espiritual y el cuidado permanente del rebaño. Este ministerio está compuesto por el o los pastores que tenga una congregación, más los diáconos. Otra modalidad es que el pastor forme un equipo pastoral, que estaría compuesto por hermanos maduros en la fe que tienen el don de visitar, aconsejar y de relacionarse con las personas.

El ministerio de educación cristiana incluye la Escuela Dominical, el estudio bíblico semanal, la Unión de varones, la Unión femenil, la Unión de jóvenes y todas aquellas iniciativas que tengan carácter educativo.

Otro ministerio es el de evangelización y misiones, que tiene que ver principalmente con los proyectos y programas del crecimiento de la iglesia.

El ministerio de administración y finanzas tiene que ver con tres grandes áreas: personal (no incluye al pastor en esta categoría), propiedad y finanzas.

El ministerio de servicio tiene por objetivo el responder, en forma efectiva, a las necesidades que se presenten tanto en el seno de la iglesia como en la comunidad inmediata a la iglesia.

El ministerio de compañerismo es aquel cuyas actividades (recreativas, culturales, deportivas, etc.) promueven la comunión y las buenas relaciones entre los miembros de la iglesia.

El ministerio de comunicaciones tiene que ver con programas radiales, publicaciones, diarios murales, promoción, etc.

El ministerio de oración tiene que ver con mantener en forma permanente la intercesión en la vida personal de los miembros como en la vida corporativa de la iglesia.

En todo caso, como quiera que esté organizada la iglesia, siempre requerirá de la formación de un concilio para la coordinación de sus actividades. Es recomendable que sus reuniones sean mensuales.

AGENDA DE UNA SESIÓN DEL CONCILIO

Hay dos pasos previos que se deben dar. Primero, revisar los acuerdos tomados en la sesión anterior (ya sea del concilio o de la iglesia) y que deben estar registrados en el libro de actas. Siempre estos acuerdos deben ser parte de la agenda. Segundo, distribución anticipada de la agenda a los miembros del concilio. Es una buena práctica que los hermanos lleguen a la sesión del concilio informados de lo que se tratará.

1. Hacer circular un cuaderno de asistencia y saber si hay quórum para sesionar.

   Si no hay quórum se debe esperar unos quince minutos con el propósito de dar tiempo a otros que puedan llegar. Si pasado el tiempo nadie se ha incorporado, entonces se sesiona con los presentes.

2. Tener un tiempo devocional. Lo puede llevar a cabo la persona que preside el concilio o aquella a la que se le ha asignado dicha responsabilidad con anticipación.

3. Leer y aprobar el contenido de la agenda. Una vez aprobada la misma, entonces se debe seguir ese orden.

4. Lectura y aprobación del acta anterior.

5. Si están incluidos, informes de asuntos ejecutados desde la última sesión.

6. Revisar y evaluar las actividades ya realizadas del calendario de actividades.

7. Ver los próximos eventos del mismo calendario de actividades.

8. Oportunidades para asuntos que pueda presentar algún miembro del concilio.

9. Momento para hacer un resumen de la sesión y tomar decisiones.

10. El secretario lee el resumen del acta y se ordenan las proposiciones que serán presentadas en la próxima sesión administrativa de la iglesia.

11. Previo acuerdo, se concluye la sesión con una oración.

C. AGENDA DE UNA SESIÓN ADMINISTRATIVA

1. Saber si hay quórum para sesionar.
2. Si no lo hay, esperar 15 minutos y luego sesionar con los presentes.
3. Tiempo devocional.
4. Lectura del acta anterior.
5. Aprobación del acta leída.
6. Revisar acuerdos tomados en la sesión anterior.
7. Correspondencia:
   a. Recibida.
   b. Despachada.
8. Actualización de la membresía:
   a. Nuevos miembros recibidos:
      (a) Por bautismo.
      (b) Por carta de transferencia.
      (c) Por testimonio.
   b. Remoción de miembros:
      (a) Por traslado.
      (b) Por defunción.
9. Informe del Comité de Finanzas. (Informe de Tesorería.)
10. Informe de los distintos ministerios:
    a. Educación.
    b. Evangelización y Misiones
    c. Adoración.
    d. Música.
    e. Compañerismo.
    f. Servicio.

g. Oración.

h. Administración.

i. Otro (según la organización).

11. Informe de comisiones.

12. Asuntos nuevos:

a. Propuestas del concilio.

b. Propuestas de la asamblea de la iglesia.

13. Lectura de los acuerdos tomados:

a. Cuál es el acuerdo.

b. A quién se hace responsable de la gestión.

c. Fecha de ejecución.

14. Revisión de la agenda futura:

a. Próxima sesión administrativa.

b. Próxima sesión del concilio.

c. Próximas actividades del calendario
   de la iglesia.

15. Oración de despedida.

D. RECEPCIÓN DE MIEMBROS EN LA IGLESIA

1. Forma de recepción

Tres son las formas de recepción de miembros en una iglesia local. La primera de ellas es el **bautismo**. Cuando una persona —que se ha arrepentido de sus pecados y ha aceptado a Jesucristo como su único y suficiente Señor y Salvador— es bautizada, de esa manera es incorporada a la membresía de una iglesia local. Es importante entender que una persona no se bautiza para ser miembro de la iglesia. El bautismo es una ordenanza que simboliza una profunda experiencia espiritual y personal. Es una afirmación pública de ser discípulo de Cristo, de identidad con Cristo y de una decisión de carácter personal en donde la persona ha decidido dejar su vida vieja para comenzar una nueva vida con Cristo.

La segunda de ellas es la **carta de transferencia**. Cuando un miembro en plena comunión de una iglesia local, por razones de traslado, debe irse a otra comunidad, provincia, región o país, al llegar a su nuevo lugar de residencia manifiesta al pastor o encargado de la iglesia su interés por incorporarse a la membresía de esa congregación. Esta decisión la puede manifestar el miembro que se traslada en forma verbal, también en forma escrita, o puede hacer dicha decisión cuando el pastor o el predicador hace un llamamiento con ese propósito.

El trámite de transferencia de membresía se hace de iglesia a iglesia. No debe permitirse que el miembro que se traslada lleve dicha correspondencia; de esta forma se evita toda clase de irregularidades. El secretario de la iglesia se encargará de enviar esa carta a la iglesia de procedencia del nuevo miembro. Una vez que ha recibido la carta formal, entonces se informará en la primera sesión administrativa de la iglesia. En esa sesión se recibirá el nuevo miembro en forma oficial.

La tercera forma de recibir un miembro en la iglesia es por **testimonio o experiencia.** Esta forma debe ser utilizada en caso de la imposibilidad de conseguir carta de transferencia de un hermano. El pastor o encargado informará a la iglesia que se ha solicitado a la iglesia de procedencia del nuevo miembro su carta de transferencia, y que no se ha recibido respuesta. Entonces hará la recomendación, si ha transcurrido un tiempo prudente, de recibir al nuevo miembro por testimonio o experiencia. Si no hay observaciones o impedimentos para ello, será recibido en la misma sesión administrativa. Un hermano de la congregación hará una moción en ese sentido y otro hermano secundará la moción.

Es importante que la iglesia local no sea negligente en la aplicación de estas normas administrativas. Su práctica permanente hablará de su disciplina, será consecuente con el pacto que cada miembro ha suscrito y será respetuosa de su propia tradición e historia.

Asimismo, es de mucho valor la existencia de un comité de recepción de miembros en la iglesia local, que tendrá la responsabilidad de conocer a los nuevos miembros y de hacer la recomendación de recepción. En la mayoría de los casos el comité de recepción de nuevos miembros está compuesto por el pastor y los diáconos.

2. Ceremonia para la recepción de miembros

En algunas iglesias esta ceremonia la realizan cada tres meses. En iglesias donde reciben miembros cada domingo la realizan inmediatamente después de la predicación del mensaje de la Palabra de Dios, en el momento del llamamiento. Lo más común es recibir a los miembros en una sesión administrativa. A menos que la denominación sugiera alguna práctica en particular, por lo general queda al criterio del pastor, el encargado o el liderazgo la manera de recibir a los nuevos miembros en la iglesia.

El presidente del comité o el presidente de los diáconos presentará a los candidatos para ser nuevos miembros de la iglesia. Estos estarán de pie al frente, a los pies del púlpito. El hermano dirá:

Pastor: En esta ocasión, los siguientes hermanos han manifestado su deseo de unirse a la comunión de nuestra congregación por carta de transferencia (o por testimonio). Después de haberse informado acerca de nuestra congregación, de haber conocido nuestras normativas y habiendo aceptado el pacto de un miembro de la iglesia, el comité, no habiendo encontrando causas que les impidan unirse a nuestra comunión, recomienda que sean recibidos como miembros en plena comunión de nuestra iglesia, con todos los derechos y privilegios que eso implica. Los nombres de los hermanos son los siguientes: (nombres).

El pastor o encargado, luego de haber oído la recomendación, se dirigirá a los hermanos que desean unirse a la membresía de la iglesia y les tomará su promesa de compromiso y fidelidad:

Hermanos, hermanas: ¿Se comprometen a ser fieles al Señor y a su iglesia? ¿Se comprometen a vivir una vida que esté de acuerdo con los principios que emanan de las Sagradas Escrituras? ¿Se comprometen a sostener con su servicio, sus diezmos y ofrendas la obra que esta iglesia lleva a cabo en este lugar de la ciudad? ¿Se comprometen a mantenerse fieles a las doctrinas que sustenta nuestra denominación? ¿Se comprometen a someterse a los principios y normativas administrativos ya acordados por esta iglesia?

Los hermanos deberán responder:
Sí, nos comprometemos.

Entonces el pastor o encargado procederá a pedir a la congregación que se pronuncie, primero preguntando si hay objeción para recibir a estos hermanos como nuevos miembros. Si no hay objeciones, entonces solicitará una moción de aceptación y un apoyo a dicha moción. La congregación entonces votará la moción hecha.

El pastor o encargado leerá las Sagradas Escrituras en Hechos 2:46, 47 y en Gálatas 2:9, y les dirá a los nuevos hermanos:

Sobre la base de su compromiso con Dios, su iglesia y con ustedes mismos, yo, (nombre del pastor) a nombre de la iglesia (nombre de la iglesia) les doy la bienvenida a cada uno de ustedes.

El pastor o encargado saludará a cada uno dándoles la diestra en señal de compañerismo. Por último, orará dando gracias por los nuevos hermanos que se han unido a la iglesia como miembros de ella.

3. Modelo de solicitud de carta de transferencia

Después de los saludos fraternales, la solicitud de carta de transferencia debe indicar lo siguiente:

Nuestra iglesia, en sesión administrativa ordinaria, a solicitud de (nombre de la persona o familia) ha acordado solicitar su(s) carta(s) de transferencia de membresía de esa congregación hermana a la nuestra. El(la) hermano(a) (o la familia) se está(n) congregando con nosotros desde (fecha).

En la confianza de que atenderán con prontitud nuestra solicitud, nos despedimos de ustedes deseándoles las más ricas bendiciones para el ministerio que realizan.

Nombre del secretario
Nombre del pastor o encargado

4. Modelo de respuesta a la solicitud de transferencia

Es importante que la respuesta a una solicitud de transferencia se haga con prontitud. No es bueno, para efectos de las estadísticas, que una persona o familia tenga membresía en dos congregaciones distintas. Los hermanos, al suscribir el pacto de una iglesia, asumen su responsabilidad de unirse a una congregación tan pronto como puedan, y harán la solicitud de su transferencia. Una buena disciplina administrativa hará que la congregación, que ha recibido la solicitud de transferencia, responda con prontitud.

Después de los saludos fraternales, la carta debe indicar lo siguiente:

Nuestra iglesia, en sesión administrativa del (fecha de la sesión) ha acordado responder afirmativamente a su solicitud de transferencia de la membresía del(la) hermano(a) (o familia). El(ella o ellos) ha(n) sido miembro(s) en plena comunión de nuestra congregación desde (fecha). Ha(n) dado testimonio de una vida consagrada y de un servicio abnegado a nuestro Señor. Por lo tanto, sin tener otras observaciones, lo(a, s) encomendamos a su amor y cuidado.

Que la bendición de Dios descanse sobre él(la) hermano(a) y el ministerio de la iglesia.

Por la iglesia (nombre de la iglesia)

Nombre del secretario
Nombre del pastor o encargado

E. LOS OFICIALES DE LA IGLESIA

1. ORDENACIÓN E INSTALACIÓN AL MINISTERIO PASTORAL

La ordenación al ministerio pastoral y la instalación de un pastor en una iglesia local son actos solemnes, de mucha sensibilidad y profundidad espiritual. Son ceremonias que se realizan en el seno de la iglesia y en un ambiente de adoración.

Ordenación al ministerio pastoral

La ordenación al ministerio pastoral es la ceremonia donde la iglesia reconoce el trabajo especial de la gracia de Dios en la vida de uno de sus miembros. Para que esto ocurra, es imprescindible que la persona que se siente llamada al ministerio se pruebe a sí misma. No puede ser un neófito, es decir, una persona con poca experiencia cristiana. Debe tener una sólida experiencia espiritual y estar bien cimentado en la doctrina de nuestro Señor Jesucristo y sus apóstoles. Su conducta, carácter y habilidades deben estar de acuerdo con la vocación ministerial.

No es ético que el candidato mismo solicite su ordenación. Tampoco la iglesia debe sentirse presionada ni se debe apresurar a ordenar a una persona.

¿Cómo se debe proceder en la ordenación al ministerio pastoral? Por lo general, el procedimiento es muy variado y dependerá de la costumbre que se haya hecho tradicional en una región en particular. Sin embargo, hay principios universales que se observan en distintas latitudes y que nos orientan en el procedimiento.

Primero, haremos referencia a la experiencia espiritual del candidato, que le lleva a sentir que Dios lo inquieta con su llamado al ministerio. Normalmente, una persona llamada al ministerio se desenvuelve en un ambiente de mucha consagración y compromiso con el Señor y con su pueblo. Es alguien que mantiene una vida devocional cultivada; es un estudioso y temeroso de la Palabra de Dios; es una persona que, por sus cualidades especiales, inspira confianza en la vida de la congregación.

Por lo general, cada vez que predica o enseña imparte una bendición especial en la vida de sus oyentes, y esto lo anima y lo entusiasma a involucrarse más y más en el ministerio de la proclamación. De la misma manera la congregación, al descubrir estas virtudes espirituales, le da la oportunidad para que predique con más frecuencia.

Segundo, nos referiremos al diálogo investigador. Se trata de esa inquietud que nace en el corazón de un tercero en la congregación que observa a esta persona especial y la invita a conversar. Puede ser el pastor, un líder o simplemente un hermano de la congregación quien, al ver el desenvolvimiento del candidato, observa esas cualidades de llamado. No se trata del diálogo que es resultado de un simple entusiasmo, sino de aquel que resulta de la observación y la oración. La sensibilidad espiritual y la obediencia al liderazgo del Espíritu Santo son fundamentales, especialmente por la naturaleza de la tarea.

Lo que pretende este diálogo es sacar a la luz la evidencia de un llamamiento especial de Dios en la vida de esta persona. Si el llamado verdaderamente existe, entonces el contenido de la respuesta estará relacionado con el peregrinaje que esa persona haya tenido con el Señor, con las dudas de cómo saber si es realmente llamado, y con las luchas propias de dichas circunstancias.

En ese ambiente de espiritualidad muy especial, el Señor se encargará de confirmar su perfecta voluntad para esa vida.

Tercero, hablamos de la propuesta preliminar. Si el resultado del diálogo investigador es afirmativo, entonces será bueno presentar la propuesta en el seno del liderazgo de la congregación, principalmente para saber si es un sentimiento compartido. En la ordenación al ministerio es importante la unanimidad; es una forma como Dios confirma su voluntad. Es posible que en este momento el liderazgo quisiera conversar con el candidato a la ordenación con el propósito de tener mayor claridad y seguridad de lo que ha observado.

Cuarto, hablamos de la solicitud formal. Si en el seno del liderazgo existe este consenso, entonces se debe tomar la iniciativa de solicitar la ordenación a la congregación. Normalmente, se presenta en una sesión administrativa extraordinaria. Será la prueba de fuego en el proceso, porque se trata que el cuerpo de creyentes reconozca las cualidades del llamamiento en la vida del candidato. Si es acuerdo de la iglesia el ordenar al candidato, entonces la iglesia debe enviar una carta a la Asociación de Pastores para solicitar oficialmente que forme un concilio de ordenación.

La carta debe indicar el día en que la iglesia realizó la sesión extrordinaria; especificar que se citó a la congregación con este único propósito; también debe indicar cual fue la decisión de la asamblea; sugerir una fecha tentativa para realizar el examen del candidato y una segunda fecha para la celebración del culto de ordenación. Debe ir firmada por el pastor, el encargado o el presidente de los diáconos y el secretario de la iglesia.

En quinto lugar, hablamos del concilio de examen. Cuando se ha recibido una respuesta afirmativa de los pastores, en el sentido de formar un concilio examinador, la iglesia debe prepararse para atender en forma digna a los siervos del Señor. Se debe disponer de una sala adecuada o preparar el santuario con el objeto de que los pastores realicen su labor con comodidad, tranquilidad y privacidad.

Llegado el día, los pastores se reunirán en el lugar asignado y se organizarán. Nombrarán a un pastor que actuará como presidente y otro como secretario. Luego propondrán el contenido del examen. Seguidamente, invitarán al candidato a integrarse al concilio y comenzarán con un breve devocional.

Los grandes temas que se tratan caen dentro de las siguientes categorías: (a) breve relato de su experiencia de conversión, vida cristiana y llamamiento; (b) preguntas sobre temas doctrinales y las prácticas de la iglesia y la denominación; (c) sobre sus puntos de vista acerca de la iglesia, la denominación y el reino de Dios y, (d) sobre temas éticos contemporáneos. En ocasiones, cuando la Asociación de Pastores ha decidido aceptar la invitación de una iglesia para formar el concilio de examen, le asigna al candidato un trabajo de investigación a fin de conocer su habilidad de estudio, de comunicación e investigación. El tema puede ser doctrinal, exégesis de un pasaje, de carácter administrativo, etc. El concilio de pastores aparta un tiempo para escuchar el trabajo realizado por el candidato.

En sexto lugar, nos referimos a la decisión del concilio. Concluido el proceso de examen, el presidente del concilio le solicita al candidato que abandone el lugar de reunión. Luego preside las deliberaciones y, después de un período de oración, solicita se tome una decisión. Después de llegar a una decisión, entonces recomendarán: (a) la ordenación del candidato; (b) posponer o aplazar la ordenación del candidato por un periodo determinado a fin de que el candidato esté mejor preparado y calificado, o (c) rechazar su ordenación.

Cualquiera que haya sido la decisión del concilio, el secretario, en el acto, debe levantar el acta oficial en donde informa sobre la decisión del concilio. Esta carta debe ser firmada por el presidente y el secretario del concilio.

En séptimo lugar, la ceremonia de la ordenación. Si el concilio recomienda la ordenación del candidato, entonces la iglesia debe fijar la fecha del servicio solemne de ordenación, y extender la invitación a todas las iglesias de la misma fe y orden e iglesias de otras denominaciones a participar en la ceremonia.

Solemne ceremonia de ordenación

Explicación del propósito del culto.

Lectura del acta donde consta el acuerdo de la iglesia sobre la ordenación.

Lectura de la carta donde se solicita la formación del Concilio.

Lectura del acta donde consta el acuerdo del concilio examinador.

1. Llamado a la adoración.
2. Canto congregacional de alabanza.
3. Oración de alabanza y gratitud.
4. Lectura bíblica.
5. Música especial.
6. Mensaje (desafío al nuevo pastor).
7. Ceremonia de ordenación.

Se solicitará que el candidato que será ordenado pase al frente y se arrodille en el centro. Luego se invitará a todos los pastores ordenados presentes en el acto que hagan un semicírculo por detrás del candidato. Se asignarán las oraciones correspondientes y todos los pastores impondrán las manos sobre la cabeza del candidato.

8. Mensaje (desafío a la iglesia).
9. Presentación del nuevo pastor.
10. Palabras del nuevo pastor.
11. Presentación de la Biblia al nuevo pastor.
12. Entrega del Certificado de Ordenación.
13. Canto congregacional.
14. Bendición.
15. Presentación de saludos y recepción.

Instalación al ministerio pastoral

En la ceremonia de instalación la iglesia, después de haber orado e identificado el siervo que el Señor tiene para ella, decide invitarlo como su pastor. Al existir acuerdo entre las partes se fija una fecha en que se celebrará la solemne ceremonia de instalación del nuevo pastor.

La selección de un pastor involucra un proceso de mucha dependencia del Señor. Requiere de mucho tiempo de oración. Luego se trata de identificar el siervo con quien se desea conversar. Si este proceso es del Señor, entonces habrá interés de conversar en el siervo. El proceso continúa fijando una fecha para entrevistas. En ellas, el liderazgo de la iglesia manifiesta su interés de tener a ese siervo como su pastor. Consultará sobre el interés del siervo por cambiar de campo de trabajo. Asimismo se le pedirá al candidato que comparta parte de su experiencia cristiana, su posición doctrinal y su filosofía ministerial. También se le pedirá que comparta sobre su situación familiar, si es casado y si tiene hijos. En ocasiones es importante saber sobre la educación que ha alcanzado.

A su vez, la iglesia compartirá algo acerca de su historia, de su filosofía de trabajo, de su proyecto ministerial, de sus aspiraciones y de su potencial financiero (esto incluye lo que actualmente tiene y también sus proyecciones. También hablará sobre el sostenimiento pastoral y los beneficios que ofrecen). Manifestará por qué ha pensado en esa persona como su posible pastor.

Seguidamente, si las conversaciones avanzan en un buen ambiente, entonces se le invitará a predicar con el propósito de conocimiento mutuo, es decir, que el candidato conozca a los miembros de la iglesia y que los miembros de la iglesia lo conozcan a él. Si hay interés en ambas partes, entonces se le dará curso a la invitación oficial. Al ser esta respondida afirmativamente, la congregación fijará una fecha para el solemne servicio de instalación.

Solemne ceremonia de instalación

Este ejemplo de servicio de instalación puede servir tanto para la instalación de un pastor que por primera vez asume la labor pastoral, como para uno que, habiendo sido pastor en varias ocasiones, está asumiendo nuevas responsabilidades en una nueva congregación.

Preludio
Propósito del culto de instalación:

Nos hemos reunido en esta ocasión para oficializar el inicio de una nueva etapa en la vida de nuestra congregación, al instalar oficialmente a nuestro nuevo pastor (nombre del pastor) a partir de este día, y en conformidad con el acuerdo unánime tomado el (fecha del acuerdo). Por lo tanto, en este solemne acto de adoración a Dios consagramos a este siervo, su familia y su ministerio, a Dios, en esta iglesia y también para la obra en general.

1. Oración de invocación:
   (Presidente de la congregación, diácono u otro.)
2. Canto congregacional:
   Himno: "A Dios el Padre Celestial"
   Himno: "Te Loamos, ¡Oh Dios!"
3. Oración de gratitud:
   (Un miembro de la congregación o algún invitado.)
4. Canto congregacional:
   Himno: "¿Sabes Por Qué Canto a Cristo?"
   Himno: "Al Cristo Vivo Sirvo".

   (Mientras la congregación permanece de pie, se invita al pastor y su familia a pasar al frente).

5. Ceremonia de compromiso:
   (Presidente o diácono de la congregación.)
6. Lectura de compromiso para el pastor.
7. Lectura bíblica: 2 de Timoteo 4:1-5.
8. Pastor: (nombre del pastor)

¿Se compromete usted solemnemente ante Dios y esta congregación a mantenerse fiel a la Palabra de Dios, a ejercer su ministerio según el ejemplo y el espíritu de nuestro Señor Jesucristo, siguiendo en obediencia la instrucción que las Sagradas Escrituras indican para tales efectos?

(El pastor debe responder: *Sí, me comprometo.*)

Pastor ¿Se compromete usted a velar por este rebaño que el Señor pone bajo su responsabilidad, dedicándose diligentemente a alimentarlo de forma conveniente, a consolarlo cuando sea necesario, a protegerlo de todo peligro y a ir siempre en busca del perdido?

(Responde: *Sí, me comprometo.*)

Pastor, ¿se compromete usted a tener comunión cercana con nuestro Señor y Salvador Jesucristo para seguir su ejemplo y encontrar en él consuelo, fortaleza, apoyo y dirección para el ejercicio correcto de su ministerio?

(Responde: *Sí, me comprometo.*)

9. Oración de compromiso del pastor.
   (En conformidad con el compromiso asumido, el pastor ora al Señor presentando, una
   vez más, su vida, su ministerio y su familia
   al Señor en este nuevo campo de trabajo.)

10. Lectura de compromiso para la congregación.
    Lectura de 1 Timoteo 4:12-16.

    (Quien preside se dirige a la congregación.)

    Hermanos, miembros de la iglesia (nombre
    de la iglesia), ¿nos comprometemos a dar cum-
    plimiento a nuestros deberes y responsabi-
    lidades, siendo parte activa en el ministerio
    de nuestro pastor y en esta nueva etapa que
    estamos por comenzar?

    (La congregación responde: *Sí, nos compro-
    metemos.*)

    Hermanos, ¿nos comprometemos a honrar,
    respetar y sostener con dignidad y fidelidad
    a nuestro pastor (nombre del pastor) tanto
    con nuestras oraciones como con nuestras fi-
    nanzas?

    (La congregación responde: *Sí, nos compro-
    metemos.*)

    Finalmente, hermanos, ¿nos comprometemos
    a velar por el bienestar integral de nuestro
    pastor y su familia, a fin de que ellos desa-
    rrollen su ministerio sin distracciones?

11. Oración de compromiso de la congregación. (El presidente o un diácono de la congregación ora al Señor, representando a la congregación ante Dios y confirmando el compromiso contraído.)

12. Canto congregacional: "Soy Feliz en el Servicio del Señor".

13. Mensaje de la Palabra de Dios. (El pastor recién consagrado.)

14. Canto congregacional: "Sagrado Es el Amor".

15 Bendición final.

16. Postludio.

2. EL MINISTERIO DIACONAL

Se ha dicho por años que el diácono es un oficial de la iglesia. La evolución del término y la práctica le ha dado un grado de autoridad que en muchos casos es superior a la del pastor. Sin embargo, el concepto de este oficio no deriva de una estructura jerárquica sino más bien de la idea central de ocupación, ministerio y acción de servicio de alguien.

Si lo miramos desde su perspectiva correcta, diremos que el diácono es un ministro o un siervo, elegido para este ministerio, cuya motivación central tiene en la mira el servicio. Ese es el testimonio de Hechos 6; el diaconado fue creado con el propósito de aliviar y asistir a los apóstoles en los asuntos domésticos. De esa manera, los apóstoles no serían distraídos de la oración y la Palabra.

Por lo tanto, podemos decir que los diáconos son compañeros de la jornada ministerial del pastor. Así lo inspiró el Espíritu, así lo entendieron los apóstoles, así lo decidió la iglesia; y así se debe conservar en nuestros días.

El diácono debe velar por su relación con el pastor de la iglesia y también por su relación con la iglesia. Su ministerio está definido en el concepto "servir a las mesas", es decir lo doméstico: Atención a los necesitados, administrar las propiedades, las finanzas, velar por la integridad del ministerio pastoral y de la familia pastoral, entre otras cosas. Cualquiera que sea la interpretación del concepto "doméstico" o "servir a las mesas" es claro que el diácono es alguien que está al lado del pastor como un compañero en la jornada de servicio.

Por otra parte, servir a los santos implica que los llamados a servir deben reunir ciertos requisitos. En el caso de los diáconos, al igual que en el de los pastores, tienen requisitos espirituales que cumplir (llenos del Espíritu Santo, llenos de sabiduría y llenos de fe). También hay requisitos morales que no deben ser descuidados (ser un hombre de peso, justo y equilibrado en su hablar, libre de cualquier influencia intoxicante, un administrador transparente de las finanzas). Asimismo debe ser sano doctrinalmente (mantener el misterio de la fe con limpia conciencia). Además, debe ser ejemplar en su vida familiar (marido de una sola mujer, ejerce la autoridad en buena forma con sus hijos y en su casa). Esa es la instrucción bíblica para un ministerio que siempre debe ser honrado. Solo quien reúne estos requisitos debe ser escogido para este ministerio. Es importante recordar que la eficiencia del ministerio diaconal depende en gran medida de la simpatía y de las oraciones de los miembros de la iglesia

¿Cuántos diáconos debe tener una iglesia? La respuesta a esta pregunta debe ser determinada por cada iglesia local, a la luz de su número de miembros y de sus necesidades.

Elección de los diáconos

1. La iglesia en sesión administrativa elegirá o reactivará el comité de nombramientos, el cual tendrá como responsabilidad presentar, en una sesión futura, una lista de personas que pueden ejercer el ministerio del diaconado.

2. El comité de nombramiento llamará a la congregación a invertir tiempo en oración con el propósito de que Dios les dé a ellos (el comité) sabiduría para hacer su trabajo, y a la congregación discernimiento para escoger aquellos que ya han sido elegidos por el Señor.

3. El comité de nombramiento puede solicitar a los miembros de la iglesia que sugieran nombres de hermanos que ellos considerarían calificados para este ministerio.

4. La nómina tendrá en consideración los requisitos que se encuentran en las Sagradas Escrituras para el diaconado y cómo se evidencian en la vida de las personas propuestas.

5. Los hermanos nominados como candidatos al diaconado deben ser entrevistados. La entrevista debe incluir temas doctrinales, apreciaciones sobre el diaconado, su propia filosofía de ministerio, entre otros.

6. El comité de nombramiento, teniendo una nómina de hermanos que reúnen los requisitos para el diaconado, los presentará en sesión administrativa, y la iglesia elegirá el número que estime necesario. Será bueno que el voto sea secreto.

7. Habiéndose elegido aquellos que tienen una mayoría, y teniendo el número necesario de diáconos elegidos, la iglesia fijará el día del culto de ordenación.

Tiempo de duración en el ejercicio diaconal

Las Sagradas Escrituras guardan absoluto silencio sobre el tema del tiempo que dura el diaconado. Hay iglesias que tienen dos grupos de diáconos. Uno de ellos son los diáconos en ejercicio activo y otros

que se encuentran en receso. Aquellos que están en
receso pueden optar por volver al servicio activo, o
sencillamente renunciar al ministerio diaconal. En
algunos casos de diáconos en receso, se encuentran
hermanos mayores con una vasta experiencia en el
diaconado. Ellos pueden ejercer un magnífico ministerio de consejería con aquellos que empiezan a asumir el diaconado en la iglesia local.

Otras iglesias, y en este caso la gran mayoría de
ellas, usan el sistema de rotación, que consiste en di-
vidir a los diáconos en múltiplos de tres o cuatro, según sea el número que necesite. Un grupo sirve por
un año, otro grupo por dos años, otro grupo por tres
años, y así sucesivamente. Esta rotación se inicia en
el momento que estime conveniente la iglesia.

Cuando el diácono cumple con su periodo, pasará
un año antes de que sea elegible nuevamente para el
ministerio activo. Durante ese tiempo que se encuentra inactivo, la iglesia elegirá un nuevo diácono que
ocupará la plaza vacante.

Servicio de ordenación
al ministerio diaconal

¿Quiénes deben participar en la ordenación de un
diácono? Personas ordenadas al ministerio ya sea
pastoral como diaconal. Cuando la iglesia ha elegido
a sus diáconos y ha fijado fecha para celebrar el culto
de ordenación, debe extender invitaciones a pastores
y diáconos de otras iglesias hermanas de la misma fe
y orden, con el objeto de participar en el solemne acto
de ordenación de diáconos. Se formará un concilio
examinador que cuidará de que los candidatos sean
aptos para el ejercicio del ministerio diaconal.

Hay iglesias que realizan la ceremonia de ordenación en un culto regular de la iglesia; otras prefieren realizar un servicio especial de ordenación. Esto se dejará a criterio de la iglesia que lo planifica.

1. Llamado a la adoración.
2. Himno de alabanza:
   "Gloria Demos al Salvador".
3. Oración de alabanza y gratitud.
4. Lectura bíblica apropiada para la ocasión.
5. Música especial (coral, solos, dúos, etc).
6. Himno de afirmación:
   "Yo Te Sirvo".
7. Mensaje de la Palabra de Dios.
8. Acto de ordenación.

El pastor llamará a los candidatos a ponerse de pie a medida que los va nombrando y entrega datos biográficos y de testimonio. Si los candidatos no son muchos, se le puede pedir a cada uno que relate brevemente su experiencia de conversión y de las motivaciones que tiene para servir a través del ministerio diaconal.

Toma del compromiso de los candidatos:

Pastor: ¿Se comprometen ustedes a consagrarse a un estilo de vida que honre al Señor que los llama a este ministerio?
¿Se comprometen ustedes a desarrollar el diaconado con dignidad en esta iglesia, ejecutando todos los deberes implícitos y procurando ser siempre de bendición para la obra del Señor?

(Los candidatos responderán afirmativamente.)

Oración de consagración.
(Se pedirá a los candidatos al diaconado que se arrodillen. Las personas ordenadas pasarán también al frente, extenderán sus manos sobre la cabezas de los candidatos y el pastor elevará la oración de consagración.)

Toma de compromiso a la congregación:

Pastor: Hermanos, ¿reconocen y aceptan a estos hermanos como diáconos en esta iglesia? ¿Se comprometen a animarlos y apoyarlos con sus oraciones a fin de que ellos se sientan respaldados en el ministerio que hoy se les encarga? ¿Están dispuestos a cooperar con ellos en el cumplimiento de la misión de la iglesia? Si su respuesta es afirmativa, por favor, pónganse de pie. Amén.

Himno de compromiso:
"Anhelo Trabajar por el Señor".

Bendición pastoral.

Después de la bendición pastoral la congregación pasará al frente a saludar a los candidatos que han sido consagrados al ministerio diaconal. Inmediatamente después, la congregación ofrecerá una recepción.

Lecturas bíblicas apropiadas para la ocasión:
Hechos 6; Romanos 12; 1 Corintios 12; Efesios 4:1-6; 1 Timoteo 3:1-13. También se pueden usar algunas de las lecturas bíblicas escogidas para la ordenación al ministerio pastoral.

F. LAS ORDENANZAS DE LA IGLESIA

Las iglesias de la tradición evangélica reconocen dos ordenanzas, las cuales fueron entregadas por el Señor Jesús a sus discípulos.

1. LA CENA DEL SEÑOR

El carácter de ordenanza de la cena del Señor

Según el testimonio apostólico dice "porque yo recibí del Señor la enseñanza que también os he transmitido" (1 Cor. 11:23). Esta lectura nos indica dos cosas: Primera, que la institución de la cena fue establecida por el mismo Señor Jesús la noche en que él celebró la Pascua judía con sus discípulos en el aposento alto. Segunda, lo que "recibí... también os he transmitido", eso indica que la generación siguiente también debe seguir practicándolo. Y la razón de su transmisión de generación en generación responde a que el Señor Jesús les dijo a sus discípulos: "Haced esto en memoria de mí" (Luc. 22:19). Por ello es considerada una ordenanza y así es una práctica hoy en día.

El carácter simbólico de la cena del Señor

También debemos mencionar que la cena del Señor tiene un carácter simbólico, que está representado en los dos elementos que componen la Cena. Uno es el pan, que simboliza el cuerpo físico de Jesús ("esto es mi cuerpo"); al ser partido simboliza el sufrimiento, el dolor, y la agonía a la que sería sometido por causa nuestra ("que por vosotros es partido"). El otro elemento es el vino, que simboliza la sangre de Jesús ("esto es mi sangre"); sella un nuevo pacto entre Dios y los hombres y su finalidad, al ser derramada, es para la remisión de los pecados ("esto es mi sangre del pacto la cual es derramada para el perdón de pecados para muchos" [Mat. 26:28]).

El carácter frecuente de la cena del Señor

Es importante destacar el testimonio interpretativo del Apóstol sobre la cena. Él dice: "Todas las veces que comáis este pan, y bebáis esta copa, anunciáis la muerte del Señor hasta que él venga" (1 Cor. 11:26). Esto significa que los discípulos deben reunirse muchas veces con el propósito de celebrar la cena del Señor. En ese sentido es bueno que la iglesia en su programa anual contemple la celebración de la cena del Señor muchas veces en el año. Hay iglesias que la practican todos los domingos; otras una vez cada dos o tres meses; otras dos veces en el año, y otras, una vez al año. ¿Cuántas veces en el año se debe celebrar la cena del Señor? Es una pregunta que debe responder cada congregación en su contexto particular. Lo importante es que no se vulgarice la simbología de la Cena al hacerla con demasiada frecuencia. Pero, a su vez, es importante que no se realice infrecuentemente, para evitar que los miembros de la iglesia pierdan su sentido de identidad y compromiso con el Señor.

El carácter proclamador de la cena del Señor

El otro elemento interpretativo que el Apóstol le da a la Cena es su carácter proclamador: "anunciáis la muerte del Señor". Cada vez que se celebra la cena del Señor su carácter proclamador debe ser destacado; debe apelar a quienes participan y a quienes son testigos. La fuerza del sacrificio de nuestro Señor es tal que debe apelar a la intimidad misma de quienes están presentes.

Finalmente, este anuncio de la muerte del Cristo en la cena del Señor se debe hacer "hasta que él venga". Los discípulos tienen la responsabilidad de proclamar la muerte del Señor Jesús hasta que él venga. Esto responde al hecho de que después de que él venga no habrá posibilidades de salvación. Todo habrá concluido con su venida. También esto habla de la esperanza de los discípulos, que algún día se reunirán con su Señor y Salvador.

Administración de la cena del Señor

En cuanto a la administración de la cena del Señor, es importante que quienes han de servir los elementos del pan y el vino (pastor, diáconos u otros) estén espiritualmente preparados para asumir tan importante ceremonia. Es bueno que dediquen tiempo para orar y reflexionar juntos. También es bueno repasar el procedimiento, es decir, quién levantará el mantel que cubre los elementos, quién administrará el pan, quién dará gracias por el pan partido, quién administrará el vino, quién orará al entregar el vino, etc. Todo debe estar bien coordinado y así realzar la solemnidad de la ceremonia.

Los elementos de la cena del Señor deben estar

preparados con la debida anticipación, y en el día de la celebración misma deben estar sobre la mesa de la comunión antes de comenzar el culto, listos para ser administrados y cubiertos con un mantel blanco.

De acuerdo con el contexto de cada congregación, quienes administran la cena del Señor deben estar vestidos de acuerdo con la ocasión. Esto forma parte de la solemnidad.

¿Quiénes deben participar de la cena del Señor? La respuesta es: los discípulos. Jesús celebró la cena pascual con sus discípulos. Sobre el tema hay variedad de prácticas. Una es la práctica de la cena del Señor cerrada, es decir, en donde participan solo los miembros bautizados de la iglesia local. Otra es la práctica de la cena del Señor abierta, es decir, participan todas las personas presentes, sean discípulos o no. La otra es la práctica de la cena del Señor semiabierta, es decir, si hay miembros de otras congregaciones hermanas, sean de la misma confesión o de otra confesión, si desean participar, se les invita a hacerlo.

Es importante anunciar con anticipación la celebración de la cena del Señor, de modo que los miembros de la iglesia tengan tiempo para reconciliarse, restaurarse, arrepentirse, confesar y prepararse con tiempo para participar de la mesa de la comunión.

Orden del programa

1. Quien preside (pastor, diácono u otro) explica el propósito de la reunión.
2. Oración de invocación.
3. Himno de alabanza apropiado para la ocasión.
4. Hacer la invitación a participar de la Cena y pedir que se pongan de pie.

5. Quitar el mantel que cubre los elementos de la cena del Señor.
6. Lectura bíblica escogida.
7. Tiempo de recogimiento y preparación.
8. Lectura bíblica que resalte el sacrificio de Cristo.
9. Oración dando gracias por el sacrificio de Cristo en nuestro favor.
10. Se administra el pan entre los asistentes que están de pie.
11. Después de administrar a los asistentes, quien preside toma las bandejas de quienes han repartido el pan, les ofrece pan a ellos, y finalmente toma pan para sí.
12. Luego leerá la Biblia en 1 Corintios 11:23, 24.
13. Dirá a los asistentes: "Tomad, comed. Hacedlo en memoria de Jesús".
14. Lectura bíblica que resalte el beneficio de la sangre de Cristo.
15. Oración dando gracias por la sangre de Cristo que limpia de todo pecado.
16. Se administra el vino entre los asistentes que están de pie.
17. Habiendo repartido las copas, les ofrece vino a quienes repartieron y luego él toma una copa para sí.
18. Enseguida leerá 1 Corintios 11:25, 26.
19. Dirá a los asistentes: "Tomad, bebed. Hacedlo en memoria de Jesús".
20. Tiempo de reflexión y apelación.
21. Oración de acción de gracias por el acto redentor de Cristo.
22. Himno de despedida.
23. Bendición final.

Cuando la Cena es parte de un culto regular de la iglesia se debe comenzar a partir del momento en que se invita a los asistentes a participar de la cena del Señor (núm. 4, p. 73), y se concluye después de haber tomado el vino (núm. 20). A partir de ese momento el programa del culto puede continuar con un himno o alabanza especial y seguir el orden preestablecido. Es importante que la inserción de la cena del Señor sea normal en el programa de ese día y que no quede la impresión de dos cosas distintas.

2. EL BAUTISMO

El carácter de ordenanza del bautismo

Antes de ascender a los cielos, el Señor Jesús les dio a sus discípulos una misión que conocemos como la Gran Comisión. Él les dijo: "Por tanto, id y haced discípulos a todas las naciones, bautizándoles en el nombre del Padre, del Hijo y del Espíritu Santo; y enseñándoles que guarden todas las cosas que os he mandado. Y he aquí, yo estoy con vosotros todos los días, hasta el fin del mundo" (Mat. 28:19, 20). El imperativo usado por el Señor Jesús tiene fuerza de mandato, de autoridad. Y el bautismo, como acto público de fe, debe ser administrado a personas que han decidido ser discípulos de Cristo.

El carácter simbólico del bautismo

El apóstol Pablo, hablando del tema, les escribió a los cristianos en Roma lo siguiente: "Pues, por el bautismo fuimos sepultados juntamente con él en la muerte, para que así como Cristo fue resucitado de entre los muertos por la gloria del Padre, así también

nosotros andemos en novedad de vida" (Rom. 6:4). El
primer significado del bautismo para un discípulo es
su identificación con Cristo en su muerte y su resurrección. Por ello, al ser sumergido en el agua, es
sepultado y, al ser levantado, es resucitado para una
nueva vida. Segundo, el discípulo que se bautiza está
proclamando públicamente que, desde ese momento
en adelante, ha decidido ser discípulo de Cristo. En
tercer lugar, el bautismo del discípulo es un símbolo
que exterioriza una experiencia interna, la de renunciar a la vida antigua e iniciar una nueva vida con
Cristo.

El carácter frecuente del bautismo

La frecuencia de la ceremonia del bautismo dependerá de varios factores. Por ejemplo, si la iglesia tiene
un programa de evangelización y discipulado permanente, entonces puede haber bautismos cada semana; si la iglesia tiene un programa de evangelización
y discipulado concentrado en temporadas durante el
año, entonces pueden efectuarse bautismos dos o tres
veces en el año. Si la iglesia no tiene bautisterio, entonces esperará el tiempo cálido para realizar los
bautismos en un río. La frecuencia dependerá de la
situación local. Lo importante es que la iglesia siempre tenga esta ceremonia de testimonio.

La administración del bautismo

¿Qué pasos previos se deben tener en consideración? Es muy necesario instruir a los discípulos que
se bautizarán. Por ejemplo, se les debe explicar en
qué consiste la ceremonia, cómo deben comportarse
en el momento del bautismo, que cosas necesitan

traer el día en que serán bautizados, etc. La iglesia puede tener túnicas blancas de varios tamaños. Por lo general, las túnicas de damas son largas y las de varones son cortas. Si la iglesia tiene bautisterio, según el tamaño, calcular con tiempo lo que se demora en llenarlo. Si es necesario se debe llenar una mitad el día anterior y la otra mitad temprano el día de la ceremonia de los bautismos. Será bueno usar agua tibia. Quien preside la ceremonia (pastor, diácono u otro) puede usar túnica blanca o pantalones habituales y una camisa blanca.

Antes de la ceremonia misma, los discípulos a bautizar deben ser presentados a la congregación, al grupo de diáconos o al liderazgo de la iglesia. En esa ocasión los discípulos deben ser examinados y una vez aprobados, entonces proceder con la ceremonia. Habiendo separado a las damas de los varones, se vestirán en el lugar asignado. Quien preside la ceremonia decidirá en qué orden entrarán a las aguas. Por ejemplo, por tamaño (del más bajo al más alto); por sexo (primero las damas, después los varones); por edades, etc.

Una vez que estén en el agua, el que preside le recordará al discípulo no ponerse tenso para no hacer mas pesado su cuerpo. Le recordará que debe juntar los pies, no tenerlos abiertos, que no debe doblar las rodillas y que se deje llevar con tranquilidad.

Es de mucha utilidad que la congregación nombre a dos hermanas y dos hermanos para ayudar a los nuevos creyentes cuando estos salen del bautisterio.

Orden del programa (en el templo)

1. Quien preside (pastor, diácono u otro) explica brevemente el significado de la ceremonia.

2. Oración de alabanza y acción de gracias.
3. Canto congregacional apropiado para la ocasión.
4. Lectura bíblica escogida.
5. Presentación de los discípulos a bautizar (nombrarlos a cada uno para que la congregación los conozca).
6. Solicitar a la congregación autorización para bautizar.
7. El pastor sale con los candidatos para prepararse. La congregación cantará himnos o alabanzas apropiadas a la ocasión.
8. El pastor en el bautisterio le pedirá a la congregación ponerse de pie y elevará una oración, pidiendo que el Señor presida el acto mismo y que bendiga la vida de aquellos que sellan su fe en las aguas del bautismo.
9. El pastor y el discípulo en el bautisterio:

* El pastor le dará ánimo y confianza al discípulo;
* recordará en voz baja el nombre del discípulo;
* le dirá al discípulo en voz alta:

"Hermano (nombre del discípulo), ¿ha aceptado a Jesucristo como el Señor y Salvador de su vida?" (El discípulo responderá afirmativamente.)

* Formula bautismal (sugerencia).

"Yo (nombre del pastor), ministro del evangelio y pastor de la iglesia (nombre de la iglesia), sobre la base de su profesión pública de fe en Jesucristo como su Señor y Salvador, lo(a) bautizo en el nombre del Padre y del Hijo y del Espíritu Santo. Amén".

* El pastor pondrá su mano derecha por detrás del cuello del discípulo y la mano izquierda, con un pañuelo, cubriendo la boca y la nariz (para evitar el paso del agua); sumergirá a la persona completamente en el agua.

* El pastor podrá decir al momento de sumergirlo: "muerto a una vida vieja", y al momento de levantarlo de las aguas: "resucitado para una nueva vida con Cristo".

* El pastor concluye el acto del bautismo dando gracias a Dios por quienes fueron bautizados y se incorporan a la membresía de la iglesia.

10. Mientras regresa el pastor y los discípulos recién bautizados, la congregación cantará alabanzas apropiadas para la ocasión.
11. El pastor entra con los recién bautizados y presenta a los nuevos miembros de la iglesia. Pedirá que algunos den una palabra de testimonio.
12. El pastor concluirá con el culto.
13. Recepción y bienvenida de los nuevos miembros por parte de la iglesia.

Orden del programa (en el río)

El programa a realizarse en el río es más breve que el que se realiza en el templo. Conserva la misma solemnidad. Quien lleva a cabo la ceremonia reunirá a la congregación para explicar con detalle el significado y propósito del solemne acto del bautismo. Los discípulos que vayan a ser bautizados estarán listos, vestidos con su túnica blanca.

1. Explicación del propósito y el significado del bautismo.
2. Oración consagrando el momento al Señor.
3. El pastor llamará al primer discípulo por su nombre.
4. El discípulo entrará en el agua (si es un niño, una dama o una persona de edad avanzada es aconsejable que sea llevado por un miembro de la congregación que haya sido asignado, con anticipación, para cumplir con esta función).
5. El pastor animará al discípulo y confirmará el nombre en voz baja.
6. El pastor dirá:

   Hermano (nombre del discípulo), ¿Ha aceptado a Jesucristo como el único Señor y suficiente Salvador de su vida? (El discípulo responderá afirmativamente.)

7. El pastor recitará la formula bautismal:

   En mi calidad de ministro del evangelio, yo (nombre del pastor) lo bautizo en el nombre del Padre y del Hijo y del Espíritu Santo. Amén.

8. El pastor pondrá su mano izquierda por detrás del cuello del discípulo y con la mano derecha, sosteniendo un pañuelo, cubrirá la boca y la nariz para evitar que el discípulo trague agua; lo sumergirá completamente en el agua.

9. Por cada bautizado la congregación dirá a viva voz: ¡Amén!
10. Después del último discípulo bautizado, el pastor orará dando gracias a Dios por la oportunidad de testificar en público a través de la solemne ceremonia del bautismo y el privilegio de integrar a nuevos hermanos a la comunión de los santos.
11. La congregación cantará, y los hermanos y el pastor se prepararán para la recepción de bienvenida.

Ya sea que los bautismos se realicen en el templo o en el río, el secretario de la iglesia debe tener listo el libro de la membresía de la iglesia, para que los discípulos que han sido bautizados lo firmen. Por lo general, si la ceremonia del bautismo se ha realizado en el río, el sábado por la tarde, entonces se destinará un tiempo en el culto del día domingo para dar cumplimiento a la firma del libro de la membresía de la iglesia. Si los bautismos se han realizado el domingo por la tarde, entonces se sugiere que el acto de firmar el libro de la membresía de la iglesia se haga inmediatamente el domingo siguiente.

Lecturas bíblicas apropiadas para el bautismo

Mateo 3:1-17; 28:16-20; Marcos 1:1-11; 16:14-18; Juan 4:1, 2; Hechos 2:22, 23, 38-47; 8:26-39; 10:44-48; 16:25-34; Romanos 6:1-14; Gálatas 3:26, 27; Colosenses 2:12-14; 3:1-3.

Lecturas bíblicas apropiadas para la cena del Señor

Mateo 26:26-30; Marcos 14:12-26; Lucas 22:7-22; 1 Corintios 11:23-29.

Los siguientes pasajes son sugeridos para su lectura mientras se distribuyen los elementos de la cena del Señor:

Deuteronomio 6:1-15; 2 Crónicas 7:14; Salmo 23:1-6; 51:1-13; 78:1-29; 116:1-19; Isaías 53:1-12; Mateo 5:3-16, 23, 24; Marcos 10:39; Juan 6:35-40, 53-58; 13:34, 35; 14:15-21; 17:1-10; Hechos 2:41-47; Romanos 8:28-39; 12:1, 2; 2 Corintios 13: 11, 12; Filipenses 2:1-11; Hebreos 9:22; 1 Pedro 5:14; 1 Juan 1:7; 2:9, 10.

G. SOLEMNE ACTO DE
ADORACIÓN PÚBLICA A DIOS

Proponemos en esta sección un acto solemne de adoración a Dios basado en Isaías 6:1-9a. Pretende ser una ayuda orientadora y no una estructura rígida. Todo acto de adoración es un diálogo entre Dios, quien toma la iniciativa de revelarse a sí mismo entre nosotros, y la respuesta nuestra a esa iniciativa. Asimismo, asumimos que todo acto de adoración a Dios debe ser un perfecto balance entre el espíritu y la verdad, y que el Espíritu Santo de Dios animará a que en nuestra mente, en nuestro corazón y en nuestra voluntad se logre dicho propósito.

Es importante entender que la libertad para adorar no significa libertinaje ni tampoco mal uso del tiempo y de los recursos involucrados en la adoración en sí. Tampoco significa esclavitud cuando el programa del culto está impreso. En ambas circunstancias es importante que quien dirige el culto sea un instrumento que prepare adecuadamente el ambiente de adoración, que utilice todos los recursos de que disponga así como de toda la iniciativa que sea necesaria (sin hacer nada que pueda estar en desacuerdo con las enseñanzas de las Sagradas Escrituras sobre el tema). Esto significa abrir espacios para la libertad y la espontaneidad en la adoración.

Desde este punto de vista se debe tener la precaución de preservar el centro de la adoración en la persona de Dios. Quien responde en adoración debe tener un ardiente deseo de Dios en su vida; el de enriquecer, en ese encuentro, su comunión con el Señor.

Culto de adoración (1)

Momento de revelación:
Dios toma la iniciativa de revelarse en medio de su pueblo.

1. Preludio.
2. Llamado a la adoración.
3. Himno de invitación a adorar a Dios.

Momento de adoración y alabanza:
Como pueblo de Dios respondemos con júbilo y alegría a la iniciativa de Dios de revelarse.

4. Expresiones de alabanza a Dios:
   ("Señor, te alabo por...").
5. Cánticos espirituales de alabanza a Dios.

Momento de confesión y arrepentimiento:
Nuestro encuentro con Dios revela nuestra condición, y humillados en su presencia confesamos nuestros pecados y nos arrepentimos de ellos.

6. Lectura bíblica apropiada que invite
   a la confesión.
7. Llamado a reflexionar personalmente.
8. Oración silenciosa de confesión.
9. Himno de confesión y arrepentimiento.

Momento de perdón:
Dios es fiel a su promesa de perdonar a todo
aquel que confiesa sus pecados.

10. Lectura bíblica que proclame la promesa del
    perdón.

Momento de acción de gracias:
Agradecer el acto misericordioso del perdón de
Dios.

11. Celebración congregacional de acción de
    gracias ("Señor, te doy gracias por...").
12. Cánticos espirituales de gratitud a Dios.
13. Presentación de diezmos y ofrendas.

Momento de proclamación:
Dios nos habla por medio de su Palabra procla-
mada.

14. Proclamación del mensaje de Dios para ese
    día.

Momento de dedicación y compromiso:
Respondemos a la Palabra de Dios dedicándo-
nos a Dios y aceptando el desafío de su comisión.

15. Oración de dedicación.
16. Himno de consagración y compromiso.

Momento de la bendición de Dios:
Comisionados por Dios vamos al mundo con su
bendición.
17. Invocación de su bendición.

18. Respuesta musical.
19. Postludio.

Culto de adoración (2)

Pensando en los elementos esenciales del acto de adoración, sugerimos un segundo modelo.

ADOREMOS AL SEÑOR:
Respondemos a la revelación de Dios.

1. Lectura bíblica de llamamiento a la adoración.
2. Oración de invocación.
3. Cánticos de celebración.

ALABEMOS AL SEÑOR:
Respondemos a la grandeza y bondad de Dios.

4. Tiempo de reflexión en silencio para traer a la memoria sus actos de bondad.
5. Expresiones de testimonios que resalten la grandeza y la bondad de Dios.
6. Himnos de alabanza y gratitud.

CONFESEMOS AL SEÑOR:
Respondemos a la santidad de Dios.

7. Lectura bíblica que llame a la humillación y a la confesión.
8. Oración silenciosa de humillación y confesión.
9. Oración pública de confesión.

SUPLIQUEMOS AL SEÑOR:
Respondemos a la provisión de Dios.

10. Expresiones de gratitud por la provisión del perdón.
11. Cánticos de alabanza y gratitud.

INTERCEDAMOS ANTE EL SEÑOR:
Respondemos a la compasión de Dios.

12. Período de intercesión por las necesidades personales.
13. Período de intercesión por las necesidades de la congregación.
14. Período de intercesión por otras necesidades.

OFRENDEMOS AL SEÑOR:
Respondemos a la soberanía de Dios.

15. Ofrenda de vida expresada en la presentación de diezmos y ofrendas.
16. Música apropiada para la ocasión.
17. Oración de consagración de las ofrendas.

ESCUCHEMOS AL SEÑOR:
Respondemos con atención a la voz de nuestro Dios.

18. Entrega del mensaje del Señor (sermón) para ese día.

COMPROMETÁMONOS CON EL SEÑOR:
Respondemos en obediencia al llamado de Dios.

19. Invitación para responder al llamado divino.
20. Himno de compromiso.

BENDIGÁMONOS EN EL SEÑOR:
Respondemos a su bendición bendiciéndonos unos a otros.

21. Oración de bendición.
22. Saludo y bendición entre los asistentes al culto.

H. LA BODA CRISTIANA

La celebración de ceremonias de bodas en los templos cristianos siempre deben tener un doble propósito. Por un lado, deben hacerse en un ambiente de adoración. Las razones son muchas, pero principalmente porque Dios ha tomado la iniciativa de revelarse al hombre y este siente la necesidad de responder a esa revelación, y lo hace en un acto de adoración. Por otro lado, es una oportunidad para testificar a las visitas y amigos acerca de la fe, el amor y la devoción por nuestro Dios. El pastor es responsable de este doble propósito y, cuando planifica con los novios y los familiares de los novios la ceremonia de boda, debe dejar marcada esta diferencia.

La iglesia es el cuerpo de Cristo y el pastor actúa bajo la investidura que Dios, en su gracia, le ha concedido. Tradicionalmente la ceremonia de boda está centrada en los novios y, en un segundo plano, en el contenido de la ceremonia. Si se conserva el doble propósito, entonces se debe planificar la ceremonia de boda a partir del entendimiento de que los novios vienen a la presencia de Dios, en primer lugar, para agradecer el don de la vida y del amor; en segundo lugar, para reconocer que Dios los ha escogido el uno para el otro; y, en tercer lugar, para invocar su bendición sobre su unión matrimonial.

Siempre es aconsejable que, previo a la ceremonia de bodas, el pastor realice una serie de conferencias con los novios. En ellas se tratarán temas sobre lo sagrado del vínculo matrimonial, los deberes, las responsabilidades y los privilegios en la vida matrimonial. También se hablará sobre la sabia construcción de bases sólidas para la familia.

En ocasiones, cuando uno de los novios no es cristiano, es una buena oportunidad para hablarle del evangelio e invitarlo a aceptar a Jesucristo como Señor y Salvador de su vida. Es de mucha ayuda que el pastor comparta su experiencia como casado y cómo el Señor Jesucristo ha jugado un papel importante en su vida matrimonial y familiar. Las experiencias y el consejo práctico son un verdadero tesoro en la tarea de la consejería. Es aconsejable que el pastor haga las sesiones de consejería junto con su esposa; eso dará aún más apertura para el diálogo.

Es frecuente que novios no convertidos al evangelio se acerquen al pastor o a la iglesia solicitando realizar su ceremonia de boda en ese templo, oficiada por el pastor. Es bueno que el pastor atienda a la solicitud, pues eso le ayuda a conocer a la pareja, estableciendo una relación fraterna y de apertura a fin de crear oportunidades para conducirlos a los pies de Jesucristo. El pastor deberá planificar una visita a los novios en el hogar de sus familiares; esta es una verdadera oportunidad para testificar del evangelio y mostrar un genuino interés por ellos.

Cuando el futuro matrimonio se va a dedicar a algún ministerio especial en la obra del Señor, las sesiones de consejería deben incluir orientaciones que tengan en la mira tal situación. Con mayor razón la experiencia del pastor que los aconseja será de mucha utilidad.

¿Qué se debe tener en consideración cuando se planifica una ceremonia de boda? Las personas que participarán; la música que se usará (instrumental, solistas, coro, canto congregacional, otros); selección de lecturas bíblicas. El carácter del sermón lo determinarán las circunstancias de la ceremonia (si ambos son miembros de la iglesia, o si van al campo ministerial, etc.). También es bueno hablar de los votos. Si esperan que el pastor recite el voto tradicional, o si los novios se dirán el uno al otro los votos. Los ensayos de la ceremonia son importantes. Siempre hay detalles que pulir, como por ejemplo la música para el desfile y la música para el receso.

Observemos algunos ejemplos de ceremonias:

1. CEREMONIA DE BODA TRADICIONAL

Preludio musical:
(Instrumental, solista, dúo, otro.)
Orden de entrada al templo:

1. El padre del novio acompañado por la madre de la novia.
2. El novio acompañado de su madre.
3. El(la) niño(a) que trae los anillos.
4. El(la) niño(a) que trae los pétalos de rosa.
5. La novia acompañada de su padre.
6. El pastor pregunta: ¿Quién entrega a (nombre de la novia) para que se una en los santos lazos del matrimonio con (nombre del novio)?

El padre responderá:
Su madre y yo (nombre del padre) la entregamos.

7. El padre se despedirá de su hija y la entregará al novio.
8. Lectura del Salmo 118:24.
9. Afirmación de la ocasión; el pastor dirá:

Hemos sido convocados, en esta ocasión, por (nombre del novio) y por (nombre de la novia) para ser testigos del compromiso matrimonial que ambos contraen. Nosotros como cristianos creemos en el matrimonio y esta es una ocasión dichosa para adorar a Dios por su gran bondad y afirmar nuestra convicción sobre el matrimonio y la familia.

El matrimonio y la familia han sido instituidos por Dios. La Biblia, la Santa Palabra de Dios, está llena de consejos e instrucciones que hacen posibles la durabilidad y la felicidad tanto en el matrimonio como en la familia.

El abandono de la casa paterna es para unirnos a nuestro cónyuge y peregrinar por el camino de la vida permaneciendo fieles física, emocional y espiritualmente. Es un peregrinaje de fe y de dependencia absoluta de Dios. Es por ello que es de vital importancia la relación y el compromiso que ambos deben tener siempre con el Señor.

10. Oración de gratitud por la ocasión.
11. Música especial (solo, dúo, coro, otro).
12. Breve sermón.
13. El pastor leerá Hebreos 13:4 y dirá:

(Nombre del novio y de la novia), bajo la convicción de que Dios los ha hecho el uno para el otro, ustedes han venido al altar de Dios con el propósito de ofrendar su vida, su futuro y para pedir su bendición sobre su unión matrimonial.

14. El pastor dirigiéndose a la congregación preguntará:

¿Existe alguna razón de carácter moral o legal que impida la unión de (nombre de los novios)?

15. Al no existir impedimento, el pastor procederá a tomar los solemnes votos de compromiso de los novios:

(Nombre del novio), ¿recibes como tu legítima esposa a (nombre de la novia)? ¿Te comprometes delante de Dios, de su iglesia aquí presente y de tus familiares y amigos a dedicarte a favor de su felicidad y de su plena realización como persona? Te comprometes a amarla, honrarla, ayudarla y servirla en tiempo de salud o enfermedad en tiempo de abundancia o escasez? ¿Te comprometes a ser veraz y leal a ella, consagrándole todo tu amor y tus afectos conyugales, por todo el tiempo que Dios te conceda vida?

16. "Sí, me comprometo" (responderá el novio).
17. (Nombre de la novia):

¿Recibes como tu legítimo marido a (nombre del novio)? ¿Te comprometes delante Dios, de su iglesia aquí presente, y delante de tus familiares y amigos a consagrarte a favor de su felicidad y de su plena realización como persona? ¿Te comprometes a amarlo, honrarlo, ayudarlo y servirlo en tiempo de salud o enfermedad, en tiempo de abundancia o escasez? ¿Te comprometes a ser veraz y leal a él, dedicándole todo tu amor y afectos conyugales por todo el tiempo que Dios te conceda vida?
18. "Sí, me comprometo" (responderá la novia).

19. Ceremonia de los anillos:

Pastor: El anillo, desde hace mucho tiempo, ha sido usado como prenda de un pacto aceptado. Asimismo, entre amigos se regalaban anillos o bandas de oro en señal de buena voluntad y apreciación. En tiempos recientes la entrega del anillo, en la ceremonia de boda, es la prenda que se entrega como señal del pacto matrimonial asumido. Que sea de oro revela lo preciado del pacto matrimonial y la naturaleza pura del mismo. Su forma circular, perfecta, habla del compromiso que no tiene principio ni fin.

20. Dirigiéndose a los novios:

Pastor: (Nombre del novio) ¿quieres poner este anillo en la mano de (nombre de la novia)? Al ponerlo repite lo siguiente:

Con este anillo consagro y comprometo mi amor y mi vida para ti, en el nombre del Padre y del Hijo y del Espíritu Santo. Amén.

(Nombre de la novia) ¿quieres poner este anillo en la mano de (nombre del novio)? Al ponerlo repite lo siguiente:

Con este anillo consagro y comprometo mi amor y mi vida para ti, en el nombre del Padre y del Hijo y del Espíritu Santo. Amén.

21. El pastor pedirá que la congregación se ponga de pie, y solicitará a los novios que se arrodillen en el reclinatorio.

22. Oración de consagración y de bendición.
23. El pastor se dirigirá a los novios, les pedirá que se pongan de pie y les dirá:

Ahora que este compromiso está consagrado y bendecido, siendo testigos de ello nuestro Dios, su iglesia, sus familiares y sus amigos, por la investidura que me ha otorgado Dios (y la autoridad que me dan las leyes del Estado [donde corresponda]) declaro a (nombre del novio) y a (nombre de la novia) marido y mujer. Ya no son dos sino una sola carne. (Dirigiéndose a la congregación): Por lo tanto, lo que ha unido Dios, no lo separe el hombre.

24. El pastor autoriza el beso de los novios y les pide que se dirijan a la congregación, diciendo: "Les presento al matrimonio (apellido paterno de ambos)".

25. Orden de salida:
    Los novios.
    Los niños de las flores y de los anillos.
    Los padres de la novia.
    Los padres del novio.
    El pastor se retirará por una salida lateral (señal de despedida).

2. CEREMONIA DE BODA BREVE

Habrá ocasiones en que la ceremonia de boda será realizada en el hogar de uno de los novios, en la oficina del pastor o en una sala anexa del templo, con la asistencia de los familiares más cercanos y/o amistades íntimas. En estos casos la ceremonia suele ser más breve que la tradicional. Debe incluir todos los elementos esenciales, especialmente la solemne toma de los votos y la declaración de marido y mujer. Es importante que la ceremonia no pierda su seriedad.

Ejemplo de una ceremonia breve:

1. El pastor se ubicará en un lugar apropiado y les indicará a los novios en qué lugar debe permanecer.
2. El pastor dirá:

Nos hemos reunido en este lugar para unir en los santos lazos del matrimonio a (nombre del novio) y a (nombre de la novia). La Biblia nos enseña que Dios es el arquitecto del matrimonio; por lo tanto, el matrimonio es de origen divino. El matrimonio tiene su base en el amor, y es un solemne compromiso que se hace entre un hombre y una mujer, y a la vez con Dios. (Dirigiéndose a los novios, el pastor agregará): Los solemnes votos que se dirán el uno al otro deben ser tomados con seriedad y han de mantenerse por toda la vida.

3. El pastor les pedirá a los novios que se tomen de las manos y que repitan después de él los siguientes votos de compromiso:

Yo, (nombre del novio) te tomo como mi legítima esposa y dedico y comprometo todo mi amor para honrarte, servirte y cuidarte, siéndote fiel y leal por todo el tiempo que Dios me conceda vida. Amén.

Yo, (nombre de la novia) te tomo como mi legítimo marido y dedico y comprometo todo mi amor
para honrarte, servirte y cuidarte, siéndote fiel
y leal por todo el tiempo que Dios me conceda
vida. Amén.

4. Oración de consagración y bendición.
5. El pastor concluirá diciendo:

Por la investidura que Dios me ha dado (y la
autoridad que me otorgan las leyes del Estado
[donde corresponda]) los declaro marido y mujer.
Ya no son dos, sino una sola carne. Por lo tanto,
lo que ha unido Dios no lo separe el hombre.

6. Autoriza el beso y presenta al nuevo matrimonio.
7. El pastor saluda y desea parabienes al nuevo
matrimonio.

3. CEREMONIA DE BODAS DE ORO
(50 años de matrimonio)

Cincuenta años de vida matrimonial es una verdadera celebración. Es una ocasión para adorar,
agradecer y dar testimonio a las nuevas generaciones. Es bueno que una ceremonia de esta naturaleza
se realice en un día especialmente apartado para
ello. La planificación siempre será importante y ésta
debe incluir el ensayo. Lo siguiente es una sugerencia del programa.

Preludio musical

Entrada del matrimonio

1. Entrada del marido acompañado de su hija o nieta mayor.
2. Entrada de la esposa acompañada de su hijo o su nieto mayor.

Palabras de introducción

Esta feliz ocasión en que nos encontramos nos hace partícipes de la alegría del matrimonio (apellidos), quienes cumplen 50 años de vida matrimonial, y vienen ante la presencia de Dios para agradecer y renovar el compromiso contraído hace 50 años.

Himno de alabanza.
(Escogido por el matrimonio o por el pastor.)

Oración de alabanza y gratitud
Breve mensaje

Cuando decidieron unir sus vidas en los santos lazos del matrimonio, lo hicieron porque despertaron al amor descubriéndose el uno al otro. Y esta doncella, llamada (nombre de la mujer), fue como el lirio entre flores silvestres, es decir, la más hermosa entre las doncellas del pueblo; y este varón, llamado (nombre del marido), fue como el manzano entre los árboles del bosque, que con su aroma propia la cautivó hasta el amor. Así, bajo el misterio del amor, su corazón y voluntad lograron hacer realidad la verdad bíblica que dice: *y serán los dos una sola carne. Así que ya no son más dos, sino una sola carne.*

Esta unidad realizada se transformó en una unidad espiritual que los ha sostenido a través de estos 50 años, y que les ha dado el privilegio de ver la bondad de Dios en su vida. Esa gracia y bondad divinas no solo les dio la convicción de ser el uno para el otro sino que además les concedió el privilegio de ser padres. Traer vida a la vida, dando así cumplimiento a uno de los propósitos de esta unión bendecida por Dios. Y nacieron: (nombre de los hijos del matrimonio).

Ceremonia de las velas:
Testimonio de la descendencia

(En este instante el matrimonio pasa a una mesa que tiene un vela encendida y representa la unidad del matrimonio. Con esa vela encienden una vela por cada hijo. A medida que las van encendiendo dicen a viva voz el nombre de ellos. Y de la misma manera se procede en el caso que haya nietos, bisnietos, etc.)

Entonces podemos decir que, en este caso, ha sido honroso el matrimonio, procurando en todo seguir el consejo de Dios. Y no cabe la menor duda de que en este peregrinaje que se propusieron hacer juntos hace 50 años, han sido testigos de la fidelidad de Dios.

Música especial
(Instrumental o cantada.)
Breve mensaje:
"Consultemos al Autor del matrimonio".
Himno
(Escogido por el matrimonio o por el pastor.)

Renovación de votos

Hermano (nombre del marido), ¿recuerda usted estas palabras?:

"Señor (nombre del marido), ¿recibe usted por legítima mujer, a la señorita (nombre de la mujer)? ¿Tiene el firme propósito de amarla y solemnemente se compromete a ayudarla en lo moral y en lo material, cuando ella esté enferma o con salud, ya sea que vivan en pobreza o en riqueza? ¿Promete usted dedicar todos sus afectos conyugales a ella, y solamente a ella, todo el tiempo que Dios les conceda vida?" (El marido responderá: *Sí, recuerdo.*)

Ante Dios y ante esta asamblea de testigos ¿está dispuesto a renovar su compromiso de seguirla amando, cuidando en todo tiempo y dedicando sus afectos conyugales solo a ella y a nadie más que a ella durante todo el tiempo que Dios les conceda vida?

(El marido responderá: *Sí, estoy dispuesto.*)

Hermana (nombre de la mujer), ¿recuerda estas palabras? "Señorita (nombre de la mujer), ¿recibe por su legítimo marido al señor (nombre del marido)? ¿Tiene usted el firme propósito de amarlo y solemnemente se compromete a ayudarlo en lo moral y en lo material, cuando él esté enfermo o con salud, ya sea que vivan en pobreza o en riqueza? ¿Promete usted dedicar todos sus afectos conyugales a él, y solamente a él, todo el tiempo que Dios les conceda vida?"

(La mujer responderá: *Sí, recuerdo.*)

Ante Dios y ante esta asamblea de testigos ¿está dispuesta a renovar su compromiso de seguirlo amando, cuidando en todo tiempo y dedicando sus afectos conyugales solo a él y a nadie más que a él, durante todo el tiempo que Dios les conceda vida?

(La mujer responderá: *Sí, estoy dispuesta.*)

Ceremonia de los anillos

Esta fue la prenda que se entregaron como símbolo de un pacto que por amor estuvieron dispuestos a sellar, y que representa la pureza del amor que se han entregado, amor que nunca deja de ser.

Hermano (nombre del marido), ¿quisiera volver a poner en la mano de (nombre de la mujer) este anillo que ha sido el testimonio permanente de vuestra unión matrimonial por 50 años?

De la misma manera hermana (nombre de la mujer), ¿quisiera volver a poner en la mano de (nombre del marido) este anillo que ha sido el testimonio permanente de vuestra unión matrimonial por 50 años?

Bendición pastoral

Dar gracias a Dios por la bendición del matrimonio.

Dar gracias a Dios por el matrimonio (apellidos del matrimonio).

Dar gracias a Dios por los frutos del matrimonio.

Pedir que su gracia los sostenga en los años venideros.

Pedir que él cumpla sus propósitos en ellos.

Pedir que bendiga a su descendencia.

Palabras finales

Quiero que miren hacia la asamblea.

En mi calidad de ministro del evangelio y pastor de la iglesia (nombre de la iglesia) entendiendo que han sido fieles, los invito a seguir peregrinando juntos en la vida, con la bendición de Dios el Padre, de Dios el Hijo y de Dios el Espíritu Santo. Amén.
(El matrimonio sale del santuario para ser saludados por los asistentes.)

4. CEREMONIA DE BODAS DE PLATA
(25 años de matrimonio)

Las bodas de plata, al igual que las bodas de oro, son una preciosa oportunidad para alabar a Dios y dar testimonio a las generaciones presentes de lo maravilloso que es el matrimonio cuando el Señor ocupa el primer lugar en la vida de los cónyuges. Es bueno recordar que, si bien es un acontecimiento social y familiar, es una celebración espiritual.

Esta ceremonia se puede realizar en el hogar del matrimonio que está de aniversario. También puede formar parte de un culto habitual en la congregación. No difiere, en su contenido, de las otras ceremonias anteriores. A continuación una sugerencia del programa.

1. Lectura bíblica apropiada, que enfatice el valor del compromiso matrimonial y la importancia de ese compromiso en el seno de la familia.
2. El pastor dirá:

Hermanos y amigos, estamos en la presencia de Dios celebrando 25 años de fidelidad a los votos matrimoniales de (nombre del marido) y de (nombre de la mujer). En esta ocasión ambos han decidido renovar aquellos votos. Dios está complacido por la reconsagración de estas vidas.

3. Dirigiéndose a los cónyuges, el pastor agregará:

Por 25 años han sido fieles a la palabra comprometida en los votos que se hicieran el uno al otro. Sin duda alguna, durante todo este tiempo han vivido experiencias de toda índole que los han enriquecido, que han sabido valorar y han permanecido. ¿Están dispuestos, una vez más, a renovar esos sagrados votos matrimoniales que se hicieron cuando fueron unidos en los santos lazos matrimoniales?

4. Ambos responderán: *Sí, los renovamos.*
5. El pastor le pedirá al marido que repita después de él lo siguiente:

Yo, (nombre del marido) en esta ocasión, delante de Dios, de nuestros hermanos, familiares y amigos reafirmo mi promesa de lealtad a ti (nombre de la mujer) como mi única y legítima esposa.
Asimismo me comprometo a perseverar, con la gracia de Dios, en el cultivo de un ambiente de amor en nuestro hogar por todo el tiempo que Dios me conceda vida.

6. El pastor le pedirá a la mujer que repita después de él lo siguiente:

Yo, (nombre de la mujer) en esta ocasión, delante de Dios, de nuestros hermanos, familiares y amigos reafirmo mi promesa de lealtad a ti (nombre del marido) como mi único y legítimo marido.

Asimismo me comprometo a perseverar, con la gracia de Dios, en el cultivo de un ambiente de amor en nuestro hogar por todo el tiempo que Dios me conceda vida.

7. El pastor dirá:

Sobre la base de esta declaración, en que renuevan sus sagrados votos matrimoniales, sírvanse intercambiar los anillos (el pastor se los entregará). Repitan después de mí: Esta misma prenda que hace 25 años puse en tu mano, hoy la vuelvo a poner para que siga siendo el sello de mi lealtad y amor por ti. (Primero lo hará el marido y luego la mujer.)

8. El pastor pedirá a los presentes ponerse de pie y que inclinen su rostro para orar. Les pedirá a los cónyuges que se tomen de las manos y orará:

Dios nuestro, elevamos nuestra voz hasta el trono de tu gracia con profunda gratitud por la vida y el ejemplo que los hermanos (nombre del esposo y de la esposa) nos han dado. Te rogamos que, en tu infinita gracia y gran bondad, los bendigas y los sigas cuidando para tu gloria. Los dedicamos con todo el gozo de nuestro corazón.

En el nombre de Jesucristo, Señor de la vida, del matrimonio y de la familia. Amén.

Después de la oración el pastor puede solicitar a los presentes una manifestación de reconocimiento para el matrimonio. Si este programa forma parte de un culto habitual, entonces se puede continuar el culto de adoración con un himno. Si el programa se realiza en el hogar del matrimonio, entonces se pasa a la recepción preparada para la ocasión.

Cualquiera de estas ceremonias se puede adaptar para la celebración de 60 años de matrimonio o para un servicio en que todos los matrimonios hacen una renovación de sus votos matrimoniales.

Lecturas bíblicas apropiadas para ceremonias de bodas

Génesis 2:18-24; Rut 1:16; Salmo 112:1-10; 127:1-5; 128:1-4; 144:12-15; Cantares 8:6, 7; Mateo 19:3-13; Marcos 10:2-12; 12:23; Juan 2:1-11; 1 Corintios 13:4-13; Efesios 5:22-33; Colosenses 3:16-21; Hebreos 13:4; 1 Pedro 3:1-7.

I. CONSEJERÍA PASTORAL

Una de las tareas más preciosas y a la vez más delicadas que realiza un pastor es la de consejería. El ministerio de la iglesia es uno hacia las personas, y es muy importante que ese ministerio sea significativo. Los tiempos actuales y las crisis presentes hacen más urgente la necesidad de la consejería. La depresión, las crisis nerviosas, las crisis en las relaciones matrimoniales y de familia son algunas de las razones por las que el ministerio de la iglesia no puede pasar por alto la tarea de la consejería.

La sociedad contemporánea necesita ser oída, y la iglesia debe tener ese oído. La voluntad para escuchar a las personas permite la construcción de puentes de comunicación que facilitan el ingreso a la experiencia comunitaria. La iglesia, además de ser la comunidad de la Palabra y del Espíritu, es una comunidad terapéutica, y como tal debe ayudar a todos los individuos a salir de su aislamiento. Es solo cuando estamos en compañía de, y reaccionamos con, otros que uno descubre su verdadera identidad. Cuando la iglesia tiene esa voluntad para escuchar abre un medio de comunicación importantísimo que ayuda a quien necesita ser oído para salir de su aislamiento y descubrir su verdadero potencial de crecimiento.

La expresión y verbalización de los pensamientos siempre provee corrección, ayudando a las personas a ver las cosas en su verdadera perspectiva. En la comunicación de los pensamientos no solo hay una comunicación de carácter intelectual, también de carácter emocional. Cuando no hay opción de expresar lo que se vive en el interior se producen aquellas crisis que deterioran la calidad de vida. Cuando a las personas se les permite hablar de lo que les preocupa, les inquieta o les aflige, se les da una oportunidad para que la intensidad emocional disminuya. Entonces la experiencia confesional adquiere un significado muy valioso en el quehacer ministerial de la iglesia, porque su práctica permitirá limpiar y aliviar la mente y el corazón de aquel que confiesa. También terminará con aquellos cargos de conciencia que lleva la persona, asegurándole el perdón y la restauración divina. Asimismo terminará con la pretensión de que todo está bien y abrirá la puerta para darse cuenta de que hay necesidad de la gracia de Dios. El consejero cristiano debe ser receptivo y responder adecuadamente. Demanda de su parte mucha concentración y comprensión.

Veamos algunas ocasiones para la consejería cristiana:

Consejería a un enfermo

La enfermedad es un tiempo de crisis, y quien visita a un enfermo debe tener claro esto y entender que hay varios factores psicológicos que están presentes. Por ejemplo, la enfermedad sustrae al enfermo de deberes laborales y eso conlleva preocupaciones financieras, o el simple hecho de estar enfermo, de tener que ver al médico, de la necesidad de medicamentos u hospitalización. Por otro lado, el hecho de estar postrado en cama lo hace una persona dependiente, ya sea de la atención de familiares o del personal de un hospital. En estas circunstancias se produce una obsesión por el estado de salud que, en ocasiones, produce una manifestación de conducta que puede ser distinta a aquellas que lo caracterizaron antes de enfermarse. ¿Cómo aproximarse a una situación de enfermedad?

En primer lugar, debemos referirnos a la persona que visita. Representa, para el enfermo, alguien que se preocupa y que está interesado. Es distinto a las enfermeras, a los médicos o quienes tienen la obligación de cumplir con un deber. Es de inestimable valor, en el proceso de recuperación, el espíritu afable y la afinidad que demuestra el consejero con respecto al enfermo. Inyecta ánimo y deseos de mejoría.

Segundo, quien visita a un enfermo, representa a la comunidad cristiana de la cual es miembro. Esto es de especial importancia cuando el enfermo ha sido referido por un miembro de la iglesia, pero el enfermo no asiste a la iglesia. Una buena mayordomía de esta oportunidad permitirá preparar el terreno para manifestar el deseo de ser parte de una comunidad que se preocupa.

Tercero, la Biblia juega un papel muy valioso. Ella está llena de experiencias de personas que lucharon con las diferentes vicisitudes de la vida, que enfrentaron el sufrimiento, la aflicción y la adversidad. De modo que el texto sagrado es una buena fuente de ayuda y apoyo para quien sufre. Asimismo, el uso de textos que son consoladores y que pueden ser aplicados en distintas circunstancias serán de mucha ayuda, como por ejemplo, el Salmo 23, Romanos 8 y Juan 14. Ahora bien, en relación con la lectura de un pasaje, este debe ser breve. Puede ser de gran ayuda el recitar versículos conocidos o textos escogidos para la ocasión (Deut. 33:27; Juan 14:27, por ejemplo).

Cuarto, la oración, inteligentemente usada, puede ser de un valor terapéutico muy importante. Cabe destacar que el consejero cristiano debe sentir el pulso espiritual del enfermo, debe aprender a manejar la situación. La oración puede ser en un tono de voz conversacional y familiar. Debe ser breve y adaptada a las circunstancias.

Quinto, es importante que el consejero respete los procedimientos institucionales (en el caso de un hospital o clínica) y las recomendaciones dadas por el profesional que atiende al enfermo. En el caso que el enfermo se encuentre en casa, es importante tener en consideración los sentimientos y las aprehensiones de la familia.

Sexto, el consejero debe ser observador. Si la puerta del cuarto donde está el enfermo está cerrada, no debe entrar sin antes informarse de lo que ocurre detrás de esa puerta. Ver si hay una "luz roja" encendida, o un letrero que indique restricciones. No debe sentarse en la cama del enfermo. Siempre debe ubicarse donde el enfermo lo pueda ver. Nunca establecer conversaciones patológicas, es decir, evitar hacer diagnósticos o sugerir tratamientos alternativos. Si observa que el enfermo está tenso por su situación de salud, su visita debe ayudar a que el enfermo se relaje. Sea breve. Si hay otras personas en el cuarto no les hable al oído o en tonos bajos; eso produce inseguridad en el enfermo. Finalmente, y como regla general, concluya su visita si es la hora de comida para el enfermo.

El ministerio del consejero hacia los enfermos será siempre una oportunidad suprema y de gran significado. Todo dependerá de quién lo realiza y cómo lo realiza.

Lecturas apropiadas para usar en visitas a enfermos

Génesis 3:19; Deuteronomio 32:29; 33:27; 1 Samuel 2:6; 2 Reyes 20:1-11; Job 5:7-18; 7; 8:3, 5-7, 20, 21; 9:1, 15, 22, 29-35; 10:20-22; 12:10; 13:15; 14:7-15; 19:25-27; 22:1, 21-28; 27:8-10; Salmo 4; 5:1-7; 6:1-7; 23; 30; 31:1-10; 40:1-5; 42:1-5, 11; 49:15; 51:8-13; 55:22; 56:11-13; 63:1-8; 68:19, 20; 73:24-28; 77:1-13; 86; 90:1-4; 97:10; 102; 103; 108:1-6, 12; 116:1-5; 121; 130; 141; 142; 145:8-21; 146; 147:1-11; Isaías 38; Proverbios 3:11, 12; 12:25; 14:7-15; 15:13-15, 19, 25-27; 22:1, 21-28; 27:8-10; Mateo 6:25-34; 25:31-40; Marcos 1:23-42; 2:1-12; 3:1-12; 5:1-20, 25-34; 7:25-37; 8:22-26; 10:46-52; Juan 6:35-69; 14:1-6, 27; Romanos 5:1-5, 8; 8:28-39; 1 Corintios 15:11-26, 35-57; 2 Corintios 1:3-6; 5:1-10; Filipenses 1:23; 2:25-30; 3:20, 21; 4:6, 7, 13, 19; Hebreos 11:34; 12:5b-16; Santiago 1:27; 5:13-16; 1 Juan 2; 3; Apocalipsis 7:9-17; 21; 22:1-5.

Consejería en circunstancias de aflicción

En la labor de consejería una de las áreas de trabajo está relacionada con la aflicción que produce la pérdida de un ser amado. Por lo general, la familia queda sola y con un gran sentimiento de pérdida. El consejero juega un papel importante en los arreglos para los servicios fúnebres. Su compañía y sus consejos son de gran ayuda mientras la familia pasa a través de esta experiencia. La práctica habitual en estos casos ha sido considerar que después del funeral una visita del consejero será suficiente para concluir con la labor de consejería.

La realidad indica que el dolor permanece por mucho tiempo y es necesario que el consejero programe una serie de visitas posteriores con el fin de ayudar y apoyar a la persona o a la familia que ha perdido un ser amado. ¿Qué se debe tener en mente en la programación de estas visitas posteriores?

Lo primero que debe aceptar el consejero es el hecho de la aflicción, que será una experiencia dolorosa para aquel o aquellos que la viven, pero que es una experiencia que tratada con sabiduría y gracia se superará. A veces es imprudente insistir en la reafirmación de las promesas divinas incluso en el ser agresivo en relación con la esperanza cristiana. Lo único que se logra es que quien sufre la aflicción que produce la muerte se sienta culpable de expresar sus sentimientos y emociones de dolor. En ocasiones el silencio, el estar presente, y el tener disposición para oír es mucho más útil que las muchas palabras.

Lo segundo que el consejero debe evitar es ignorar o alejar el dolor. Sin duda que duele ver a una persona sufrir. La reacción más inmediata es tratar de distraer a la persona de ese sufrimiento. Por lo general se conversa de un tema distinto y de esa manera se ayuda a la persona a distraerse. Eso no es bueno; la causa del sufrimiento y de la aflicción siempre debe ser enfrentada, no importa cuanto tiempo tome ni cuantas lágrimas sean derramadas. El consejero está ahí con el propósito de proveer sanidad.

Intimamente relacionado con lo anterior, lo tercero que debe tener claro el consejero es el hecho de que el dolor, la aflicción y el sufrimiento necesitan ser expresados. Muchas veces se evita hablar de la persona que ha fallecido. Sin embargo, quien está en aflicción desea revisar su relación con quien ha muerto. Traer a la memoria momentos significativos e importantes, revisar sus sentimientos, y el solo hablar de esas relaciones con alguien que escucha con simpatía es de mucho valor. Mientras más se repite ese hablar, más conciente se es de la pérdida y se arriba a una saludable aceptación de la misma.

Finalmente, cuando se ha llegado al momento de la aceptación saludable de la pérdida del ser amado, es el momento para que el consejero ayude a la persona en aflicción a restablecer sus relaciones y a edificar nuevas relaciones en nuevas circunstancias. Si es miembro de la iglesia, es bueno que el consejero ayude en la reinsersión del hermano en dolor en su retorno a la comunión con sus hermanos. El compañerismo cristiano ofrece oportunidades únicas para el desarrollo de relaciones significativas.

Lecturas apropiadas para la consejería en circunstancias de aflicción

Deuteronomio 31:8; 33:27; Salmo 27:14; 37:5-7, 39; 46:1-11; 55:2; 56:1-4; 91:1-4, 14-16; 121:1-7; Isaías 26:3; 40:31; 58:8; Lamentaciones 3:22-26; Mateo 11:28, 29; Romanos 8:18-26; 2 Corintios 12:9; 4:17, 18; 1 Juan 3:1, 2.

Consejería matrimonial y familiar

Cuando se habla de consejería matrimonial y familiar siempre se hace una distinción en tres áreas bien específicas. La primera de ellas es la consejería prematrimonial, aquella que trata temas de orientación para la juventud, como las relaciones entre dos personas del sexo opuesto, distinción entre amistad y enamoramiento, entre amor y caprichos; sobre las actitudes sexuales; cómo descubrir a su pareja. También incluye la orientación para quienes tienen planes de contraer matrimonio. Estas conferencias están relacionadas con la preparación de la pareja para enfrentar esa hermosa y crucial etapa en su vida.

La segunda de esas áreas específicas es la consejería matrimonial. Los temas que por lo general se manejan están relacionados con la relación marido y mujer, el ajuste sexual, la paternidad responsable (planificada), la administración de las finanzas, las relaciones con los familiares del cónyuge, la vida social que llevan, etc.

La tercera área está referida a la familia. En esta área los temas giran en torno a los proyectos de la vida, a las relaciones entre padres e hijos, las preocupaciones propias del crecimiento, temas de la adolescencia, la salida de los hijos del hogar, la llegada de los nietos, el envejecimiento con gracia, etc.

En cada una de estas áreas hay todo un potencial para el ministerio de la consejería y hay principios generales que deben ser observados. El primero de ellos es que la consejería en cualquiera de estas áreas implica interacción de personalidades. El objetivo de la consejería es ayudar al individuo a conocerse a sí mismo y que aprenda a realizar los ajustes a su nuevo entorno. La vida está diseñada de esa forma y cada individuo se relaciona con otros, consigo mismo y con su ambiente. El segundo principio es que la consejería siempre debe permitir el escape, la salida o la ventilación de los sentimientos. Cada vez que uno entra en una labor de consejería, ya sea a un adolescente, un joven, un matrimonio joven o aun con un matrimonio mayor, siempre se encuentra con sentimientos y emociones reprimidas que necesitan ser liberadas. El consejero debe proveer esa oportunidad de expresión.

El tercer principio es el de la neutralidad. El consejero nunca debe tomar partido, siempre debe ser neutral y la persona que viene buscando orientación debe saberlo. La percepción del consejero debe ayudarle a evitar la manipulación o el involucrarse afectivamente. Su responsabilidad es manifestar preocupación por la situación y actuar, como consejero, en forma apropiada. Esto implica que debe ayudar a definir la situación y guiar a la persona que viene por consejería a que tome la mejor decisión. El consejero nunca debe tomar la decisión.

Lecturas bíblicas apropiadas para la consejería matrimonial y familiar

Éxodo 20:1-17; Deuteronomio 6:4-9; 31:8; 33:27; Salmo 27:1-5; 42:11; 55:22; 56:1-4; Proverbios 3:3-8; Isaías 26:3; Mateo 5:1-16; 6:33; 11:28, 29; 1 Corintios 13:4-8; Efesios 5:21-33; 6:1-4, 10-18; Filipenses 4:6, 7.

Consejería en casos de divorcio

La labor de consejería en el caso de un divorcio siempre se torna en una situación incómoda, compleja y controversial. Para una labor de consejería efectiva es importante que el consejero tenga en cuenta los principios anteriormente mencionados. Debe ser ecuánime, maduro, oír con oído atento, y en oración responder con sabiduría. Debe entender que, en este caso en particular, hay vidas que deben proyectarse hacia el futuro.

¿Qué debe tener en cuenta el consejero cuando atiende un caso de divorcio?

En primer lugar que el divorcio no estaba en el plan original de Dios. En segundo lugar, debe tener claro que el pecado tuvo efectos nefastos en el plan de Dios para el matrimonio. En tercer lugar, que el divorcio fue permitido una vez que los estragos de la naturaleza pecaminosa habían alcanzado dimensiones amenazantes.

Cuando alguien se encuentra en situación de divorcio hay dos cosas que ocupan su pensar. La primera de ellas es: ¿Cuál es mi situación ante Dios, ante la iglesia y ante la sociedad? La segunda es: ¿Existe posibilidad de volverme a casar?

Si la situación de matrimonio y divorcio ocurrió antes de la experiencia de salvación, el consejero debe tener claro que la sangre de Cristo limpia de todo pecado (1 Jn. 1:7). Que cuando una persona está en Cristo "las cosas viejas pasaron" y "todas son hechas nuevas" (2 Cor. 5:17). La experiencia de la salvación hace nuevas a las viejas criaturas y hace nuevas las cosas viejas. Este es un acto extraordinariamente maravilloso de la gracia de Dios y quien lo ha experimentado tiene la opción de rehacer su vida.

Si el divorcio es producido porque uno de los cónyuges es culpable de inmoralidad sexual, no está dispuesto a arrepentirse y tampoco tiene voluntad para restaurar su vida matrimonial, el consejero debe tener claro que lo que señala el Señor Jesús como motivo o justificación para el divorcio y un nuevo matrimonio es la fornicación (Mat. 19:9), es decir la actividad sexual ilícita (heterosexual u homosexual). Queda claro que cuando uno de los cónyuges es culpable de una conducta sexual inmoral con otra persona y no tiene disposición hacia el arrepentimiento, entonces la opción para el cónyuge que ha permanecido fiel es dar carta de divorcio y volverse a casar.

Es importante no pasar por alto dos cosas: la fornicación (*porneia* en griego) se refiere a un estilo de vida inmoral, una relación promiscua fuera del matrimonio. Por otro lado, el conyuge que ha permanecido fiel a sus votos matrimoniales tiene la opción de dar carta de divorcio, no es un mandato. Si el consejero tiene en cuenta estas dos cosas es posible que sea capaz de reparar el camino dañado y permitir que en amor haya perdón y restauración.

El divorcio puede ser provocado por el cónyuge inconverso en un matrimonio mixto (cristiano-inconverso) (1 Cor. 7:12-15). Es interesante que el texto no sugiere que está obligado a abandonar a su cónyuge, sino que el acto de abandonar a, o alejarse de su cónyuge es voluntario. En tal caso, el cristiano no está obligado a rogar, a suplicar, a persuadir al que no es cristiano a que permanezca. Sepárese es la sentencia apostólica.

Ningún cristiano buscará en el divorcio la solución a los problemas matrimoniales. El carácter y la naturaleza de la vida que el Señor le ha dado busca —en el sendero del sacrificio y de las renuncias— respuestas que le permitan resolver y superar, en el espíritu de Cristo, las causas que hacen que los cimientos del matrimonio se conmuevan.

J. OTRAS CEREMONIAS

1. CEREMONIA DE
PRESENTACIÓN DE NIÑOS

En las iglesias de tradición evangélica, la presentación de niños es una costumbre inspirada y basada en la presentación que hicieron José y María del niño Jesús en el templo. Es una tradición judía cuya base se encuentra en Éxodo 13:11-16. Es una buena práctica si se tiene el concepto adecuado.

Primero, los padres traen a su hijo(a) ante la presencia de Dios para reconocer que él es el dador de la vida y agradecerle el precioso regalo que han recibido en la persona de esa hermosa criatura.

Segundo, los padres vienen a la presencia de Dios con su hijo(a) para dedicarlo(a) a él. Esta actitud revela que los padres entienden que Dios les ha dado el maravilloso don de la paternidad y que, como representantes de Dios en el hogar, son responsables por proveer de todos los elementos necesarios para que ese(a) hijo(a) crezca en sabiduría, en estatura y en gracia para con Dios y los hombres.

Tercero, los padres invocan la bendición de Dios sobre ellos a fin de ser sabios en esta preciosa y delicada tarea de ser padres. Asimismo, invocan la bendición y protección de Dios sobre la vida de ese(a) hijo(a), especialmente cuando los brazos o los ojos paternos no estén al alcance de este(a).

Cuando alguien soltero (padre o madre), cristiano, proveniente de un hogar cristiano, desea presentar a su hijo(a) al Señor, es importante que se haga acompañar por los abuelos del(la) recién nacido(a). Es importante que los abuelos se involucren en el proceso de criar con amor al recién nacido, especialmente si ese padre o madre es un adolescente.

Cuando los padres no comparten la misma fe, es importante que ambos estén presentes en la ceremonia de dedicar a su hijo(a), porque el concepto que está detrás de la ceremonia en sí trasciende las fronteras confesionales. La palabra clave en esto es compromiso. Los padres de la criatura recién nacida se comprometen, ante Dios y la sociedad, a criar a su hijo(a) en un ambiente sano y lleno de afecto.

Esta ceremonia da siempre oportunidad para invitar a los padres a un compromiso más profundo y significativo con el Señor; incluso, es una hermosa oportunidad para presentar el evangelio si así lo ameritara la ocasión.

Procedimiento en la presentación de un niño

Si es miembro de la iglesia, el pastor o encargado conocerá del embarazo y de la fecha en que nacerá la criatura. Los visitará en el hospital para expresar su gozo personal y el de la iglesia, en general, por la bendición recibida a través de ese nacimiento.

Es posible que los padres manifiesten el interés de presentar a su hijo(a) al Señor. Si así fuera, entonces el pastor o encargado concertaría una visita en la casa de ellos con el propósito de conversar sobre la ceremonia y su significado. El pastor o encargado debe ser muy sabio en discernir si los padres hacen la solicitud por causas meramente ceremoniales o con propósitos espirituales.

Hay oportunidades cuando es aconsejable que el pastor o encargado les sugiera a los padres que presenten a su hijo(a) al Señor, especialmente si son nuevos creyentes o visitantes en el templo.

En esa visita, el pastor o encargado se informará de la fecha de nacimiento, el nombre completo del recién nacido y el de los padres. En caso de que la congregación acostumbre entregar un certificado, esta información será útil.

Ceremonia de presentación de un niño

1. Música suave o canto congregacional mientras los padres pasan al frente con su hijo(a).
2. El pastor o encargado dirá a la congregación:

Es un privilegio que en esta ocasión (los nombres de los padres) traigan a su hijo(a) (nombre del recién nacido) para presentarlo(a) y dedicarlo(a) al Señor. Es un momento de mucha gratitud y a su vez un momento de solemne compromiso tanto de (nombre de los padres) como padres, como de nosotros como iglesia. Por lo tanto, descansando en la gracia de Dios, nos comprometemos y nos esforzaremos para proveer la dirección adecuada y la instrucción apropiada y crear el ambiente necesario para que logre tener una vida disciplinada y una experiencia espiritual y de crecimiento en la gracia del Señor. El hogar y la iglesia nos comprometemos en esta hora.

3. El pastor o encargado leerá una porción apro-

piada de las Sagradas Escrituras, luego se dirigirá a los padres diciendo:

Al presentar a su hijo(a) al Señor, ¿se comprometen ustedes a proveer de todos los elementos necesarios para que (nombre del recién nacido) pueda crecer en un ambiente saludable? ¿Se comprometen ustedes, en la dependencia y el liderazgo del Espíritu de Dios, a ser un modelo de vida para su hijo(a)? (El matrimonio responderá:

Sí, nos comprometemos.)

4. Seguidamente se dirigirá a la congregación y le dirá:

Amados hermanos, ustedes como miembros de la iglesia, ¿se comprometen, por la gracia de Dios, a ser de apoyo y ayuda para estos padres en la delicada tarea de criar en amor a su hijo(a)? ¿Se comprometen ustedes a ser modelo y ejemplo para esta criatura, creando el ambiente adecuado para su crecimiento en la gracia, y que cuando sea el tiempo propicio pueda aceptar a Jesucristo como su único y suficiente Señor y Salvador, y lo confiese públicamente a través de las aguas del bautismo? Si ustedes están dispuestos a aceptar este compromiso, ¿por qué no lo manifiestan poniéndose de pie?

(La congregación se pondrá de pie, confirmando de esa manera su aceptación de este compromiso.)

5. El pastor elevará una oración cuyo contenido

deberá tener expresiones de acción de gracias por la bendición que significa, para los padres y la familia, el arribo del recién nacido. También contemplará el compromiso de los padres. Invocará la bendición sobre ellos para que el Señor les dé sabiduría en la delicada empresa de ser padres. Finalmente, pondrá en la presencia de Dios a la congregación con el propósito de que sean los miembros, en lo personal como en lo comunitario, de bendición para los padres como para el(la) hijo(a).

Si la presentación de niños es parte del culto regular, entonces el orden del culto continuará según lo programado. En el caso de que el culto esté centrado en esta ceremonia, será apropiado que todo el orden del culto resalte aspectos relevantes del papel de ser padres, acerca de la familia, o del papel de la iglesia en el crecimiento de los hijos.

Lecturas bíblicas apropiadas para la ocasión

Génesis 18:19; Deuteronomio 6:4-9; 1 Samuel 1:24—2:1; Salmo 103:17, 18; 127:1-3; Proverbios 22:6; Mateo 18:2-6, 10, 14; 19:13-15; Marcos 9:37; 10:13-16; Lucas 2:21-40; 9:46-48; 18:15-17; Efesios 6:1-4; Colosenses 3:20, 21.

2. CEREMONIA DE
LOS QUINCE AÑOS

La ceremonia de los quince años es un verdadero acontecimiento en la vida de una adolescente. Digamos que en su ambiente secular es un acontecimiento familiar y también social. En el ambiente de las iglesias evangélicas se trata, además de las bodas y la presentación de niños, de una ocasión de testimonio.

Esta ceremonia ha ido ganando su espacio en medio del pueblo de Dios. Por lo general está dominada por una nota de gratitud tanto de parte de los padres como de la agasajada. Es un compromiso y dedicación de la vida de la quinceañera a ser ejemplo en todo en su juventud, a honrar, amar y respetar a sus padres y ser una persona servicial en la iglesia y en la sociedad. Esta ceremonia se realiza en un ambiente de solemnidad y adoración. El templo normalmente se adorna para la ocasión con flores blancas y otras de tonalidad suave.

La señorita entra en el templo acompañada de su padre, de su hermano mayor o de otro varón familiar cercano elegido para ello, seguida de sus acompañantes. Lleva un modelo de vestido sencillo en color blanco y un cinto en tonalidad rosa o un amarillo pálido. Va acompañada de siete señoritas y siete jóvenes que representan los 14 años de vida de la agasajada. El año número 15 está representado por la quinceañera misma.

Después de haber recibido los encargos y las

exhortaciones correspondientes la quinceañera es coronada. La corona simboliza su valor como persona y su compromiso de conservar su pureza. Al retirarse del templo lo hará sola, seguida de sus padres y, después de ellos, sus acompañantes. Habiendo recibido las felicitaciones y parabienes, se procede con la recepción para los invitados.

Programa de acción de gracias

1. Preludio.
2. Desfile o entrada al santuario.
3. Palabras de bienvenida y propósito de la ocasión.
4. Lectura de las Sagradas Escrituras.
5. Oración de alabanza y gratitud.
6. Música especial.
7. Palabras de gratitud de la quinceañera.
8. Música especial.
9. Reflexión.
10. Entrega de encargos y exhortaciones a la quinceañera.
11. Coronación de la quinceañera.
12. Oración de consagración.
13. Salida.
14. Postludio.

Programa de acción de gracias

1. Preludio.
2. Música especial.
3. Entrada al templo (cada pareja de acompañantes entrega el objeto que lleva).
   a. La quinceañera acompañada de su padre o de su hermano.

b. La primera pareja de acompañantes lleva el collar (símbolo de lealtad a Cristo como Señor de la vida).

c. La segunda pareja de acompañantes lleva la pulsera (símbolo de compromiso de servicio).

d. La tercera pareja de acompañantes lleva la corona y el ramo (símbolos de ejemplo de vida).

e. La cuarta pareja de acompañantes lleva los aretes (símbolos de pertenecer a Cristo).

f. La quinta pareja de acompañantes lleva el anillo (símbolo de pureza).

g. La sexta pareja de acompañantes lleva la Biblia (símbolo de dirección y guía).

h. La séptima pareja de acompañantes lleva el perfume (símbolo de la oración constante).

4. Música especial.
5. Mensaje de desafío y exhortación.
6. Oración de consagración.
7. Música para receso.
8. Postludio.

La recepción puede ser un refrigerio o una cena formal. Es la ocasión en que la quinceañera y sus padres tendrán la oportunidad de expresar su gratitud por la ocasión. De la misma manera podrán hacerlo otros de sus familiares (tíos, abuelos) y también sus amistades (de la iglesia como del colegio o el vecindario).

3. SERVICIOS FÚNEBRES

El servicio fúnebre es una oportunidad de ministerio de la iglesia para dar apoyo, ánimo, consuelo y dirección a la familia que sufre la partida de un ser amado. Cuando está bien programado puede ser un vehículo valioso para ayudar a la familia que sufre a recuperar su integridad y proyectar su esperanza de vida futura. Es importante recordar que el centro de un servicio fúnebre es la soberanía de Dios, la exaltación del don divino de la vida y la esperanza de gloria. El consuelo no es el centro sino que será el fruto natural de escuchar lo que Dios dice en su Palabra.

Si bien el servicio fúnebre religioso es una tradición, la iglesia no debe perder la perspectiva de que este debe ser un acto de adoración a Dios y una oportunidad para proclamar las verdades del evangelio.

Procedimientos en la planificación de un servicio fúnebre

El pastor, al recibir la noticia del fallecimiento de una persona, debe ir de inmediato a visitar a la familia. Debe ser prudente en enfrentar el momento. Después de una breve conversación consoladora con la familia, leerá una porción de las Sagradas Escrituras y tendrá una palabra de oración.

Si la familia le solicita al pastor que se haga cargo del servicio fúnebre, entonces hará planes preliminares, y volverá más tarde para ultimar los detalles con ellos. En ocasiones el pastor puede ofrecerse para oficiar el servicio fúnebre. El pastor debe asegurarse de la información básica (lugar y hora del funeral) para entregar la información a quienes corresponda.

Hoy en día se hacen más comunes los servicios fúnebres que ofrecen las funerarias. Allí se encargan prácticamente de todos los trámites y las familias se preocupan de detalles mínimos. En donde estos servicios no se ofrecen, será conveniente que el pastor pueda ayudar a la familia en los trámites que sean necesarios o que requieran de su concurso. La actitud de servicio y un espíritu de preocupación genuina ayudan mucho en circunstancias como estas.

Cuando la familia manifiesta su deseo de hacer algo sencillo en la casa o en el cementerio es porque está solicitando un servicio breve. La planificación del servicio debe tener en consideración el deseo de la familia. En caso de que el servicio sea en el hogar, el pastor debe consultar a la familia respecto al momento de comenzar el servicio.

El pastor debe esperar de pie, detrás del púlpito, a que el féretro sea ubicado y las flores sean arregladas. Si se trata de un miembro de la iglesia, con frecuencia se planifica más de un servicio fúnebre. El orden del servicio, que a continuación se detalla, puede ser modificado.

Orden del servicio fúnebre

Preludio

Música apropiada para la ocasión. El pastor siempre se debe asegurar de hermanos que puedan tocar los instrumentos musicales y también de hermanos que puedan cantar (solos, dúos, tríos, coral, otro).

Lectura de las Sagradas Escrituras.
Canto Congregacional:
"En la Mansión do Cristo Está".
Oración de acción de gracias.
Lectura de las Sagradas Escrituras.
Canto congregacional:
"En Presencia Estar de Cristo".
Lectura del obituario:
Resumen biográfico del difunto. El obituario es una prerrogativa de la familia.
Palabras de testimonio:
Expresiones de agradecimiento de organizaciones en las que participó el difunto.
Oración de acción de gracias por el testimonio del difunto.
Mensaje de la Palabra del Señor.
Himno congregacional:
"Cuando mis Luchas Terminen Aquí".
Invocación de bendición sobre la familia del difunto.
Cortejo de salida del féretro.
Postludio.

El pastor esperará que retiren el féretro. Los familiares saldrán primero acompañados por el pastor. El pastor debe ubicarse en el auto que lo lleve a él inmediatamente detrás del vehículo que lleva a la familia del difunto. En caso de que una funeraria esté a cargo, normalmente ellos proveen de un vehículo para la familia y de otro vehículo para el pastor. Al llegar al cementerio, el pastor se pondrá a la cabecera del sepulcro. Debe esperar a que todos lleguen al lugar para comenzar esta última parte.

Orden del servicio en el cementerio

Lectura de las Sagradas Escrituras.
Canto Congregacional:
"Cuán Gloriosa Será la Mañana".
Palabras de agradecimiento.
El pastor agradecerá a nombre de la familia la
presencia de los asistentes.
Entrega del cuerpo a la tierra:
Con el permiso de la familia, el pastor autori-
zará que bajen el féretro.
Oración de despedida y bendición sobre los pre-
sentes.

Si la familia ha programado alguna expresión de
agradecimiento y el pastor es invitado, debe asistir si
le es posible. Estos gestos son de un valor incalcula-
ble. La ceremonia que se realiza en el hogar del difunto, en la capilla de la funeraria o del cementerio,
es breve y puede tener el siguiente orden:

Lectura de la Palabra del Señor.
Oración.
Canto congregacional o música especial.
Breve obituario y palabras de testimonio.
Mensaje de la Palabra del Señor.
Bendición pastoral.
Cortejo hacia el cementerio.

Lecturas bíblicas apropiadas para la ocasión

Job 14:1, 2; 8:9; 9:25, 26; Salmo 23; 46; 90; 91;
Proverbios 3:5, 6; Eclesiastés 8:8; Isaías 40:1; 41:10;
61:1-3; Lamentaciones 3:31-41; Mateo 5:4; 11:28-30;
18:1-6, 10-14; 25:20-23; Lucas 18:15, 16; Juan 5:24-

29; 11:25-36; 14:1-6; 16:22; Romanos 8:31-39; 1 Corintios 15:12-26, 50-58; 2 Corintios 1:3, 4; Efesios 3:14-21; Filipenses 4:6, 7; 1 Pedro 1:3-9; Apocalipsis 21:3-7; 22:4, 5.

4. COLOCACIÓN DE
LA PIEDRA ANGULAR

Romper la tierra para poner la primera piedra o la piedra angular de un templo es un acto de una emoción muy especial. La planificación de este acto solemne de fe, por realizarse al aire libre, debe tener en consideración los factores climáticos y la necesidad de que la congregación esté cerca del sitio escogido. Por lo general resulta difícil oír y entender lo que se habla al aire libre. Se sugiere que se provea de asientos para personas que lo necesiten, especialmente los ancianos.

Programa de la ceremonia de rompimiento de terreno y colocación de la piedra angular

1. Llamamiento a la adoración (Salmos 124:8 y 127:1).
2. Canto congregacional:
   "Loores Dad a Cristo el Rey".
3. Oración de acción de gracias.
4. Lectura de las Sagradas Escrituras:
   1 Corintios 3:9-16; 1 Pedro 2:6-10.
5. Música especial.
6. Breves palabras del pastor.
7. Exhibición del receptáculo y su contenido.

El receptáculo será una caja de metal que contendrá una Biblia, una copia de documentos históricos de la congregación, la lista de miembros fundadores, una lista que incluya el nombre del arquitecto, del constructor civil y de los miembros del comité a cargo de la construcción.

Oración de acción de gracias por el significado de la ceremonia.

Ceremonia de rompimiento del terreno y colocación del receptáculo y la piedra angular.

Se pueden designar con anticipación quienes estarán a cargo del rompimiento del terreno y quienes de volver a poner la tierra en su lugar después de haber depositado el receptáculo con los documentos y la piedra angular.

Canto congregacional:
   "A Dios Demos Gloria".
Bendición pastoral.

Esta ceremonia puede ser enriquecida incorporando un resumen de la historia de la congregación, también bajo qué circunstancias se formó el comité que ha estado a cargo de proyectar la construcción del templo. Si hubiesen planos o maquetas, estas se pueden poner en paneles y mesas.

Lecturas bíblicas apropiadas para la ocasión

Esdras 3:10-13; Salmo 118:22, 23; Isaías 28:16; Mateo 7:24-27; 1 Corintios 3:10-17; Efesios 2:19-22; 4:11-16; 1 Pedro 2:4-8. Se pueden usar las lecturas escogidas para la dedicación de un templo.

5. DEDICACIÓN DE UN TEMPLO

Cuando una iglesia desarrolla su labor misionera y ha logrado establecer un grupo de creyentes, es natural que se hagan los esfuerzos necesarios por comprar una propiedad y construir un edificio que será dedicado para la adoración a Dios.

Puede ser que la iglesia haya construido un nuevo edificio o simplemente haya renovado el anterior; es importante tener una ceremonia de dedicación.

Como todas las ceremonias en el seno de la iglesia, la de dedicación de un templo es un acto de adoración y debe ser planificada para honrar al Señor, consagrar a la congregación de los santos y todas aquellas cosas que estarán a disposición del acto de adoración.

Esta ceremonia invita a la creatividad de quienes tienen la tarea de programarla. Estará relacionada con circunstancias que rodeen el momento de la dedicación. Lo importante es que sea un verdadero acto de adoración con un gran sentido de celebración.

Orden del programa

Música especial .
(Se puede usar música de órgano o de otros instrumentos, también se puede usar música coral o solos, dúos, tríos, otros.)

Llamamiento a la adoración.
(Salmo 24:7-10.)

Himno de alabanza:
"Santo, Santo, Santo".

Oración de alabanza y acción de gracias.

Lectura múltiple de las Sagradas Escrituras.
(Con anticipación se pueden distribuir estos
pasajes, para ser leídos en esta ocasión:
1 Reyes 8:54-61; 9:1-3; 2 Crónicas 6:1, 2, 4,
14, 17-20, 39-41; Salmos 84; 96; 122; Mateo
21:12-16; Juan 2:13-17; 1 Corintios 3:9-23;
Efesios 2:13-22; 1 Pedro 2:4-10.)

Canto congregacional:
"Iglesia de Cristo" o un canto especial.

Letanía de dedicación:

Pastor:
¡Cuán amables son tus moradas, oh Señor de
los ejércitos! Si Jehová no edificare la casa, en
vano trabajan los que la edifican.

Congregación: .
Bendice, alma mía a Jehová, y bendiga todo mi
ser su santo nombre.

Pastor:
Para la gloria de Dios el Padre, quien nos ha
llamado por su gracia; para la gloria de Dios el
Hijo, quien nos ha amado y se ha entregado a sí
mismo por nosotros; para la gloria de Dios el
Espíritu Santo, quien nos ilumina y nos fortale-
ce, para la gloria de nuestro gran Dios es este
edificio.

Congregación:.
Oh, soberano Dios, a ti dedicamos este lugar como casa de oración, casa de comunión, casa de

proclamación. Lo dedicamos como verdadero tabernáculo, lugar de encuentro.

Pastor y congregación: .
Como miembros del cuerpo de Cristo, como parte del pueblo del reino de Dios, agradecidos de la herencia recibida, nos consagramos como verdaderas piedras vivas, para ser una verdadera casa espiritual y ofrecerte verdaderos sacrificios espirituales.

Como miembros del cuerpo de Cristo, como parte del pueblo del reino de Dios, sensibles a nuestra responsabilidad nos consagramos como verdaderos instrumentos de gracia, para bendecirnos los unos a los otros y bendecir a nuestro prójimo no importando dónde este se encuentre. Amén.

Oración de consagración.

Himno de dedicación:
"Adorar, trabajar, testificar".

Bendición pastoral.

Postludio.

Lecturas bíblicas apropiadas para la ocasión

1 Reyes 8:54-61; 9:1-3; 2 Crónicas 5:13, 14; 6:1, 2, 4, 14, 17-20, 39-42; 7:1-3; Salmo 48:9-14; 84:1-12; 96:1-13; 100:1-5; 122:1-9; 132:8-10; Mateo 21:12-16; Juan 2:13-17; 1 Corintios 3:9-23; 2 Corintios 9:6-15; Efesios 2:13-22; 1 Pedro 2:4-10.

6. DEDICACIÓN DE UNA CASA

Cuando una familia cristiana ha sido bendecida por el Señor con la adquisición de una casa, siempre desea que el pastor o el encargado de la iglesia pida la bendición de Dios sobre ese lugar.

Las Sagradas Escrituras dicen: "Si Jehovah no edifica la casa, en vano trabajan los que la edifican" (Sal. 127:1a). Este texto motiva a una familia cristiana a buscar la bendición de Dios sobre su nueva casa. Este lugar de morada será la sede del nuevo hogar. Si bien el lugar físico puede ser cualquiera, el ambiente que se dé dentro de esas cuatro paredes marcará la diferencia. Dedicar la casa a Dios es simplemente renovar el compromiso de ser instrumentos de bendición para el vecindario, haciendo del hogar un verdadero altar y de la familia una verdadera "iglesia en tu casa".

Sugerimos los siguientes pasos para la dedicación de la casa de una familia cristiana:

1. Que la familia que dedica la casa invite a un grupo de hermanos de la congregación junto con el pastor o el encargado.
2. Que el cabeza de familia, junto con los suyos, explique el propósito de la ocasión. Será bueno compartir cómo se logró la bendición de la casa.
3. Seguidamente, le entregará la palabra al pastor o al encargado quien agradecerá el privile-

gio concedido, hablará brevemente sobre el acto de dedicar la casa, leerá una porción de las Escrituras apropiada para la ocasión y orará al Señor.

4. Todos los hermanos serán conducidos al dormitorio matrimonial. Allí el pastor o encargado se referirá a la importancia de la bendición de Dios para la unidad y la intimidad del matrimonio. Le pedirá a uno de los asistentes que ore en ese sentido.

5. Luego serán conducidos al dormitorio de los hijos. Allí el pastor se referirá a la importancia de la bendición de Dios sobre los hijos, sus vidas, sus estudios, su futuro; también hará referencia a la proyección de los padres sobre los hijos. Le solicitará a otro de los asistentes que ore en ese sentido.

6. Si hubiese un cuarto destinado para las visitas, entonces el pastor hablará de la importancia de la hospitalidad. Le solicitará a otro de los presentes que ore en esa dirección.

7. Si hubiese un cuarto destinado para oficina, entonces el pastor hablará de la importancia de la bendición de Dios sobre el trabajo de él o de ambos, y que ambos sean un testimonio vivo de la gracia de Dios en su lugar de trabajo. El pastor pedirá a otro de los hermanos presentes que ore en ese sentido.

8. Seguidamente serán conducidos a la sala principal de la casa. El pastor se referirá a la importancia de la bendición de Dios en el compañerismo y la fraternidad que ocurrirán en ese lugar. Pedirá que otro de los asistentes ore en esa dirección.

9. Luego se dirigirán al comedor. Allí el pastor o

encargado se referirá a la importancia de la bendición de Dios para el sustento de la familia. Pedirá que uno de los asistentes ore en ese sentido.

10. Si hubiese una sala de estar, entonces el pastor se referirá a la importancia de la bendición de Dios para el cultivo de un ambiente sano y relaciones saludables entre los miembros de la familia. El pastor o el encargado pedirá a otro de los asistentes que ore en esa dirección.

11. Sobre la cocina y los baños. El pastor o el encargado se referirá a la importancia de la bendición de Dios para la salud, la integridad y la limpieza del lugar físico donde morará la familia. El pastor o el encargado pedirá a uno de los hermanos que ore en ese sentido.

12. Luego saldrán al patio (si es una casa) o al balcón (si es un departamento). Allí el pastor o el encargado llamará la atención de la familia y de los hermanos asistentes a que observen las casas o departamentos que hay alrededor. Hablará de la importancia de la bendición de Dios para ser bendición a otros. Recordará que la voluntad de Dios es que todos los hombres sean salvos y lleguen al conocimiento de la verdad. El pastor pedirá a uno de los hermanos que ore en ese sentido.

13. Finalmente, regresarán a la sala principal de la casa. Harán un círculo, se tomarán de las manos y el pastor o encargado hablará de la importancia de la bendición de Dios en la unidad de la familia y de los hermanos de la iglesia. El pastor o el encargado orará en ese sentido e invocará la protección de Dios sobre el hogar de sus hijos y de la familia en particular.

Finalizada la oración el pastor o el encargado exhortará a la familia a que sean fieles mayordomos de la bendición recibida, que siempre expresen generosidad para compartir y se esfuercen por mantener un ambiente grato en el seno del hogar en donde la presencia del Señor se perciba.

Es posible que después de terminada la ceremonia haya una manifestación de compañerismo.

K. LA DISCIPLINA CRISTIANA

Las medidas disciplinarias son poco populares en las congregaciones en el día de hoy. La tendencia es la de evitar su aplicación. Cuando la situación en la vida de un miembro de la iglesia ha llegado al extremo, entonces se cita a los hermanos con el propósito de informarles de la situación y llevar una proposición ante la iglesia, en sesión ordinaria o extraordinaria.

¿Qué es lo que tradicionalmente se ha practicado en la aplicación de la disciplina? Cuando ha llegado a oídos del pastor, encargado o algún miembro de la iglesia que un hermano de la congregación está en pecado, lo primero que se hace es ir donde el pastor, el encargado o los diáconos (si es un miembro) a contar lo que ha sabido. Si es el pastor, entonces habla con los diáconos y el liderazgo. El proceso sigue, procurando entrevistarse con el hermano en cuestión, y si hay reconocimiento de la falta, entonces se le dice que tendrá que ser sometido a disciplina por un período determinado. Llegada la sesión administrativa en que se tratará el tema, el pastor o el encargado lo presenta y se hace la recomendación correspondiente.

En algunos casos, se explica la razón que obliga la medida disciplinaria, en otros casos la membresía quiere saber la causa y de esa manera tener antecedentes que le ayuden en su decisión al momento de votar. No siempre, pero en reiteradas ocasiones, los

miembros comienzan a discutir entre ellos. Unos
plantean que no es deber de la iglesia juzgar, otros
abogan para que se aplique una disciplina, porque
será una medida ejemplar, especialmente para los jóvenes. En medio de toda esta discusión, el hermano
en cuestión es testigo silencioso de lo que ha ocurri-
do. Finalmente, en decisión dividida, la iglesia decide
aplicar la medida disciplinaria.

La iglesia ha quedado resentida y el hermano en
falta ha sido expuesto en público, cargando sobre sí
vergüenza y un peso de culpabilidad que se extiende
hacia su familia. Las actitudes posteriores revelan
que no ha habido un concepto real de disciplina. El
hermano se margina de la iglesia, la familia se aleja,
los hermanos no visitan al hermano disciplinado y
todo se deja para que el tiempo lo resuelva.

1. ¿Qué es la disciplina?

La disciplina es parte del proceso de discipulado.
Tiene por finalidad ser correctiva y no punitiva. A
partir de esta perspectiva, la disciplina debe tener
siempre una connotación positiva. Debe ser parte del
proceso permanente de la formación de discípulos.
¿Qué significa esto? Que se aplican medidas formati-
vas a través de la visitación, a través de la consejería,
a través de la comunión de los santos.

No es justo aplicar una medida de disciplina (cen-
sura) sobre una adolescente que quedó embarazada
cuando el ministerio del liderazgo de la iglesia no
tuvo la deferencia y la precaución de estar permanentemente en contacto con los jóvenes para ayudar-
les a enfrentar las tentaciones.

Los desafíos actuales obligan a desarrollar una es-
trategia ministerial distinta de la tradicional. La

iglesia debe proveer oportunidades de encuentros más frecuentes, en que los hermanos puedan ministrarse unos a otros y velar el uno por el otro (células hogareñas, grupos de oración, etc.). Interés y preocupación son palabras clave. Los miembros de la iglesia deben sentir que forman parte de una gran familia, de un gran pueblo.

Estas nuevas estrategias deben ofrecer oportunidades para compartir, para estudiar la Biblia, para orar los unos por los otros. Y esta tarea, que cada vez se hace más difícil para un pastor, requiere que haya miembros dispuestos y comprometidos, que sean maduros y espirituales, que estén involucrados en el ministerio pastoral de la iglesia.

Se pueden evitar las medidas disciplinarias si la iglesia tiene un buen ministerio pastoral compartido.

2. Procedimiento de disciplina

Si hubiese necesidad de aplicar disciplina ¿que se debe hacer? Mateo 18:15-17 nos ofrece una buena guía de procedimiento.

1. Caer en pecado produce siempre daño. Debe ser confrontado, con firmeza y amor.

2. Se debe ir directamente al hermano y dialogar personalmente con él.

3. Si hay reacción del hermano, entonces todo termina ahí.

4. Si no hay reacción, entonces hay que hacerse acompañar de uno o dos hermanos que sean maduros y espirituales y que puedan contribuir en

la restauración del hermano en pecado. La gestión amable, prudente y comprensiva ayuda a crear un clima que permite que todos los presentes se vean como los demás.

5. Si esto no prospera, entonces se debe llevar a la congregación. El enfrentar problemas que ameritan disciplina se hace porque se espera resolver el problema en un ambiente de amor y saturado de oración. La congregación siempre debe sopesar los asuntos a la luz de los principios de las Sagradas Escrituras.

6. Tomada la medida disciplinaria, los hermanos deben verse involucrados en el proceso de restauración. El amor nunca deja de ser y permanece para siempre. Las relaciones con los hermanos trascienden en el tiempo y eso es motivo más que suficiente para resolver, en el espíritu de Jesús, todo aquello que afecta la armonía, la unidad y el compañerismo entre los santos.